Les Cobayes

Justine Briquet-Moreno

Les Cobayes

Enquête sur la sexualité des 18-28 ans

Flammarion

ISBN : 978-2-0804-3748-8

« La sexualité est un moyen de découvrir des choses que l'on ignorait, sur soi, sur le monde, c'est la manière la plus forte de le faire. S'il s'agit d'une histoire à part entière, bien entendu, et pas simplement de consommation. »

Annie Ernaux,
interview dans « *Le Temps* », *juillet 2022.*

Avant-propos

Une lettre majuscule en fin d'alphabet – le Z – comme un lien entre le monde d'hier et celui de demain. Dans de nombreuses publications scientifiques et articles de presse, elle désigne plusieurs centaines de milliers d'individus nés entre la seconde moitié des années 1990 et le début des années 2010, une génération charnière et, il faut bien l'avouer, un peu cobaye. Née en 1997, j'ai moi-même grandi après le minitel, après l'avènement de Windows 95, après la chute du mur de Berlin, après les walkmans, et juste avant la sortie au cinéma du film *Titanic* de James Cameron… Avec mes semblables, nous avons connu les débuts d'Internet, des téléphones portables, des applications de rencontres et de la pornographie en accès libre sur la Toile. Le monde des adultes n'avait pas anticipé à quel point cela pourrait tout changer pour nous, à quel point il aurait sans doute fallu nous protéger aussi.

Quand il s'agit de parler de sexe et d'intimité, qu'est-ce que cela change au fond d'avoir grandi avec un smartphone entre les mains ? Et vivre ses premiers désirs au cœur de la révolution #MeToo, quelle réalité cela inscrit-il en nous ? En l'espace de quelques années, j'ai entendu monter une petite musique selon laquelle les jeunes ne feraient plus l'amour. Une enquête de l'Ifop publiée en 2024 révélait que plus d'un quart des 18-24 ans (28 %) initiés sexuellement n'avaient eu aucun rapport sexuel au cours de l'année écoulée, alors qu'ils étaient 5 % en 2006. Partout, on ne cesse pourtant de répéter qu'elle est hyper connectée, cette génération Z. Mais connectée à qui ? Ou plutôt à quoi ? Et qu'est-ce qui fait vraiment battre son cœur ? Avec ce livre, fruit d'une enquête de plus d'un an consacré à la sexualité des jeunes, j'ai voulu esquisser un portrait intime et nuancé de ma génération. Une classe d'âge souvent étudiée, mais au fond rarement écoutée en longueur.

Pour conduire ce travail, je suis allée à la rencontre de 50 jeunes de 18 à 28 ans, de toutes orientations sexuelles et identités de genre, d'origines ethniques diverses et de toutes les régions de France. Objectif : percer ce mystérieux vertige de l'amour qui traverse la jeunesse et bouleverse sa façon de s'envisager, de se désirer. Le fait d'appartenir à leur génération a été un atout pour les rencontrer, et comprendre leur langage, leurs craintes. Une position particulière qui m'a aussi permis d'entendre, sans le filtre des générations précédentes, une vérité moins édulcorée sur l'impact du porno, l'hypersexualisation des jeunes filles, la montée du sexisme chez les garçons, la normalisation de pratiques extrêmes, la victoire du virtuel sur le réel ou encore la revendication de nouvelles orientations sexuelles et identités de genre.

J'ai approché ces jeunes avec leurs propres outils à savoir les réseaux sociaux et les applications de rencontres, mais aussi mon propre réseau. La composition de mon échantillon répond avant tout à une intention : refléter la diversité de la jeunesse actuelle. J'ai donc sélectionné des profils variés, issus de milieux sociaux et culturels différents, ayant grandi à la campagne, en banlieue ou en centre-ville. J'ai également veillé à représenter l'ensemble des orientations sexuelles et identités de genre qui caractérisent cette génération plus ouverte sur ces questions.

Les convaincre de se confier sur leur sexualité n'a pas toujours été simple. Participer à cette enquête ne signifiait pas remplir un questionnaire de manière anonyme : il s'agissait pour eux d'évoquer leur vie sexuelle au cours de longs entretiens, qui duraient généralement entre trois et cinq heures. Je leur posais toujours les mêmes questions, partant de leur découverte de la sexualité à ce qui se joue aujourd'hui dans leur chambre. Mon intention était de raconter l'invisible, il me fallait donc tisser une relation de confiance avec eux. La longueur de ces entretiens a permis de sortir des discours convenus. Dans certains cas, les échanges se sont parfois prolongés bien au-delà de ces entretiens.

Toutes ces conversations de plusieurs heures avec ces filles et ces garçons au seuil de l'âge adulte m'ont permis de comprendre en partie ce qui se joue dans l'intimité de cette génération. Épidémie de solitude, lassitude des rencontres virtuelles, addiction aux écrans, anxiété généralisée, incompréhension entre les sexes. Nous sommes bien loin du « temps de l'amour, des copains et de l'aventure » tel que le chantait innocemment Françoise Hardy en 1962. Quand on a 20 ans aujourd'hui, l'amour n'est plus aussi léger.

Cependant, en matière de sexualité, aucune réalité n'est figée, et ce portrait n'est peut-être pas toujours aussi alarmant qu'on voudrait le croire. En proie à de multiples inquiétudes, la génération Z est aussi celle de nouveaux paradigmes, d'une meilleure compréhension du consentement à la fluidité de genre en passant par de nouvelles pratiques sexuelles. Aussi, ce livre ne saurait être une case où je souhaite enfermer ma génération, mais plutôt une photographie à un instant T de ses états d'âme.

Chapitre 1

Porno éducation

N'importe quel adolescent peut aujourd'hui en faire l'expérience : il suffit de taper « Pornhub » sur un moteur de recherche, que ce soit sur un ordinateur ou sur un téléphone portable, pour tomber sur la plateforme de vidéo « X » la plus consultée au monde, qui cumule chaque année des milliards de visites. Après avoir coché l'option « J'ai 18 ans ou plus », tout l'univers de la pornographie se déroule sous ses yeux. Pour les adolescents d'aujourd'hui, « l'écran noir des nuits blanche » chanté par Claude Nougaro bien changé : leurs écrans zappent désormais la case fantasmes pour passer directement à celle du « trash ». La pornographie, autrefois limitée aux cassettes VHS ou aux magazines achetés en catimini, est désormais partout. Un accès facile, immédiat, qui en fait un passage obligé, une porte d'entrée incontournable vers la sexualité.

Le phénomène est loin d'être anecdotique. Depuis quelques années, on ne compte plus le nombre de sondages qui alertent sur cette découverte précoce de la pornographie chez les jeunes. En 2023, une enquête de l'Autorité de régulation de la communication audiovisuelle et numérique (Arcom) et de Médiamétrie [1] a encore révélé que quelque 2,3 millions de mineurs consultaient des contenus pornographiques pendant plus de cinquante minutes en moyenne chaque mois en France. Dans les cours de récréation, dès l'école primaire, il n'est plus rare d'entendre fuser les noms des vidéos « X » les plus en vogue du moment. En tout, ce sont plus de 80 % des jeunes adultes qui auraient eu l'occasion de visionner des contenus pornographiques avant leur majorité· Un phénomène dont s'était déjà largement ému, en 2022, dans une relative indifférence, un rapport du Sénat, évoquant une « consommation massive, banalisée et toxique de la pornographie chez les adolescents ». En janvier 2025, l'obligation pour les plateformes pornos de vérifier l'âge de leurs utilisateurs a été instaurée officiellement, avec une menace de blocage pour les récalcitrants. Mais dans les faits, les géants du secteur continuent de passer entre les mailles du filet, leurs sièges européens n'étant pas situés en France.

Une chose est claire : presque tous les jeunes interrogés dans cette enquête s'accordent à dire que leur immersion précoce dans la pornographie a eu un impact profond sur leur vie affective et sexuelle. Au point d'apparaître comme un véritable trait d'union entre leurs profils pourtant très variés, jusqu'à devenir en réalité un marqueur générationnel. Parmi les 50

1. Arcom, « La fréquentation des sites "adultes" par les mineurs », mai 2023.

jeunes âgés de 18 à 28 ans rencontrés, une seule jeune femme a échappé à cette entrée en matière. Dans son cas, l'explication a été rapidement fournie par ses soins : elle s'est toujours soigneusement tenue à l'écart de ces contenus par conviction religieuse. Tous les autres jeunes interrogés ont, à l'inverse, témoigné d'une très forte imprégnation de ces images dans leur rapport à la sexualité. Comme si le porno était devenu pour eux l'un des principaux « visages » du sexe, à partir duquel il est inéluctable de devoir se construire, que ce soit par adhésion ou par rejet.

L'érotisme des scènes d'amour au cinéma n'a guère eu le temps d'éveiller les fantasmes de cette génération. Les heures que leurs parents passaient à revoir sans fin la scène brûlante du film *Pretty Woman* (1990) où Julia Roberts, dans le rôle d'une prostituée, est allongée en nuisette sur un piano à queue pendant que Richard Gere, qui joue le rôle d'un homme d'affaires fortuné, la caresse langoureusement, semblent extrêmement loin. Et que dire de *Dirty Dancing* (1987) où les personnages de Johnny et Bébé, incarnés par Patrick Swayze et Jennifer Grey, se livrent à une danse sensuelle sur les notes de *Cry to Me* de Solomon Burke, dans un instant suspendu avant leur première nuit d'amour… Pourquoi s'attarder sur cet érotisme vieillissant quand on a déjà tout vu ou presque, et sans le voile pudique d'une lumière tamisée ?

Détourner le contrôle parental, un « jeu d'enfant »

Une réalité s'impose pour la génération Z, celle qui est née entre 1997 et 2012 : le souvenir du « premier porno » est souvent un des premiers repères marquants de la biographie intime. Il s'est rarement écoulé plus de cinq minutes, dans ces entretiens souvent longs de plusieurs heures, avant que la plupart des personnes interrogées pour cette enquête n'exhument cette première rencontre brutale avec la sexualité. Un souvenir qui ressurgit, presque invariablement, comme un franchissement du seuil de l'interdit. La découverte de la pornographie a généralement eu lieu au collège, au moment de la puberté. Parmi l'échantillon réuni pour ce livre, l'âge moyen du premier visionnage est de 12 ans.

Le parcours classique en la matière pourrait être celui d'Olivia, qui témoigne sous un nom d'emprunt. Cette étudiante en anglais, aujourd'hui âgée de 24 ans, a grandi seule avec sa mère et son petit frère dans un village de l'Oise. Notre première rencontre a eu lieu au bois de Vincennes à Paris, un après-midi d'été. Tout sourire, la jeune femme brune aux lunettes rondes s'est avancée vers moi, pleine d'assurance, m'affirmant ne pas être gênée à l'idée d'évoquer son intimité. « *J'ai consommé de la pornographie vraiment très jeune et de façon assidue* », m'a-t-elle ainsi confié d'emblée sans que j'aie à poser la moindre question.

Son tout premier porno, elle dit l'avoir regardé à 13 ans avec des copines, lors d'une soirée pyjama organisée chez elle. Lors de cette fameuse soirée, une des adolescentes a fait une proposition : et si elles regardaient de leurs propres yeux ce dont tout le monde parle au collège ? « *Nous avons tapé dans le moteur de recherche des mots-clés comme "sexe", "porno" et "Youporn"* », se souvient Olivia. Des vidéos leur ont été immédiatement suggérées, mais elles n'en ont regardé que quelques secondes avant de fermer la page web. Ces premières images n'ont provoqué chez elle ni choc, ni excitation, assure-t-elle. Pourtant, ses copines étaient à peine reparties chez elles que l'adolescente s'empressait de réitérer l'expérience. « *La boîte de Pandore a été ouverte* », glisse-t-elle.

C'est le début d'une fuite en avant pour Olivia. À partir de là, tous les moyens seront bons pour que la jeune fille puisse continuer à consulter des vidéos pornos incognito. Comme beaucoup d'autres, Olivia mentionne ses stratagèmes : l'utilisation de la fonction « navigation privée » qui permet de ne pas laisser de traces dans le moteur de recherche ou encore l'effacement systématique de son historique de navigation. Dans les collèges, ces méthodes se transmettent sous le manteau comme on s'échange des cartes Pokémon, et ce d'autant plus facilement qu'une simple recherche Google suffit pour se les approprier.

Des astuces de contournement dont beaucoup de parents n'ont pas toujours forcément conscience. « *Ma mère n'a littéralement jamais pensé à mettre en place le contrôle parental !* » assure Olivia. Très tôt, elle a aussi disposé de son propre ordinateur, alors qu'elle venait à peine d'entrer en classe de sixième. « *Le département avait offert des ordinateurs portables à tous les élèves* », précise-t-elle. La jeune femme fait référence au dispositif Ordi 60, lancé en 2008, qui visait à équiper tous les collégiens de l'Oise d'un ordinateur, puis d'une tablette dès 2013. Faute de budget, Ordi 60 a depuis disparu. Mais les principales critiques des enseignants sur le dispositif visaient le fait que les élèves utilisaient les machines non pas pour travailler, mais pour s'amuser pendant les cours…

Olivia, elle, ne sera jamais inquiétée pour ses multiples visionnages. Et parmi tous les témoignages recueillis, le sien n'est clairement pas une exception. Les signes révélateurs de l'activité en ligne, tels un ordinateur régulièrement envahi par des virus informatiques ou un historique Internet systématiquement effacé, ne mettent que rarement la puce à l'oreille aux parents souvent dépassés par les connaissances numériques de leurs progénitures.

Aux yeux de l'adolescente qu'était Olivia, le porno a aussi été une manière de mieux comprendre son corps. Bien qu'elle en soit encore, à l'époque, à l'âge des premiers baisers, ses visionnages l'amènent à se questionner sur le plaisir féminin. « *Les scènes de masturbation nous intriguaient beaucoup avec mes amies, mais on ne comprenait pas forcément comment cela fonctionnait*, confie-t-elle. *C'est seulement en regardant du porno que j'ai compris comment trouver mon clitoris* », raconte-t-elle. Loin de les repousser, le porno présente au contraire un atout de taille aux yeux d'un certain nombre de jeunes interrogés : il est une mise en image très concrète, très abrupte aussi, du rapport sexuel. Une façon de se figurer l'acte, sa chronologie ou encore les positions à adopter le jour J. Certains jeunes hommes m'ont confié avoir été très soucieux d'apprendre par cœur le script pornographique, comme s'il s'agissait d'une leçon de mathématiques.

La loi est pourtant claire : l'éducation à la sexualité est obligatoire dans les établissements scolaires, de l'école primaire au lycée, avec un minimum de trois séances annuelles. Ces cours visent à sensibiliser les jeunes aux enjeux des émotions, des relations, de la sexualité, de la contraception, et de la prévention des IST [1]. Mais sur le terrain, la loi Aubry de 2001 reste largement inappliquée, comme le révèle un rapport de l'Inspection générale de l'éducation de 2021, selon lequel moins de 15 % des élèves suivaient effectivement ces trois séances. En mars 2023, des associations telles que le Planning familial, SOS Homophobie et le Sidaction ont annoncé leur intention de poursuivre l'État en justice pour exiger « l'application pleine et entière » de cette obligation légale.

Après une longue bataille avec les groupes ultraconservateurs qui s'opposaient à sa parution, un nouveau programme d'éducation à la vie affective, relationnelle et sexuelle (Evars) a été validé par le Conseil supérieur de l'éducation en janvier 2025. Ce programme inclut, cette fois, la prévention des violences sexuelles, la sensibilisation aux différentes orientations

1. Infections sexuellement transmissibles.

sexuelles et identités de genres, aux discriminations, ainsi qu'aux dangers d'Internet et de la sexualité numérique.

De toute évidence, les jeunes rencontrés pendant mon enquête n'ont pas été marqués par ces quelques heures dispersées au hasard dans leur parcours scolaire, qui ne leur évoquent guère que des rires moqueurs. Les cours d'éducation sexuelle se réduisent trop souvent à une leçon de SVT portant sur la reproduction en classe de quatrième. Ces séances, bien maigres, sont le plus souvent animées par un enseignant, qui se contente d'effleurer la question de la reproduction et des IST, en allant rarement plus loin. Seuls quelques privilégiés ont eu la chance de participer à des interventions d'associations ou d'infirmières scolaires souvent plus complètes. Mais pour la majorité, l'éducation à la sexualité reste un sujet à la fois négligé et souvent réducteur.

Premiers clics, premiers chocs

Génération ultra connectée oblige, les enfants de la génération Z ont donc grandi avec un téléphone dans les mains. Hélène Lauzière, 53 ans, infirmière scolaire à Marseille, le constate chaque année dans les classes de maternelles, d'écoles primaires et de collèges dans lesquelles elle intervient. Et cela change beaucoup de choses dès lors qu'il s'agit de parler de sexualité. Tous les jours, elle observe avec effarement les effets de la banalisation de la pornographie sur cette nouvelle génération. « *Est-ce que le sperme a du goût ?* » s'est-elle déjà entendue demander de la part d'une fillette âgée d'à peine 10 ans, en pleine séance d'éducation à la vie affective et sexuelle. Une autre fois, c'est un jeune garçon de CM2 qui a retenu son attention. « *Vous savez que le meilleur moyen de ne pas avoir d'enfant, c'est la sodomie !* » s'est-il exclamé à la fin de son intervention. « *Il avait un vocabulaire très sexualisé. J'en ai conclu, une nouvelle fois, qu'il devait regarder de la pornographie ou qu'il avait été exposé à de la sexualité d'une façon ou d'une autre* », explique Hélène Lauzière.

Le phénomène prend tellement d'ampleur, selon l'infirmière scolaire, qu'elle a demandé à être informée de l'équipement informatique de chaque élève. « *Maintenant, dès le CP, les enfants ont un téléphone portable, une tablette… Un enfant de 10 ans qui n'a pas de smartphone, c'est vraiment à la marge* », soupire-t-elle. Les familles de cadres supérieurs ou de professions libérales tentent de repousser jusqu'au milieu du collège l'achat du premier téléphone, mais cela relève d'une lutte acharnée. « *En fonction des religions et de la culture dans laquelle les élèves baignent, on rencontre en plus tout un tas de difficultés pour aborder le sujet* », déplore encore Hélène Lauzière. De quoi laisser le champ libre à l'industrie du X.

Comment échapper à cette matrice ? Beaucoup de jeunes que j'ai pu rencontrer ne nourrissant aucune curiosité pour la sexualité se sont régulièrement retrouvés confrontés, malgré eux, à l'omniprésence du porno, devenu, au sein de la jeunesse, un produit de consommation de masse, au même titre que Netflix, les jeux vidéo ou les mangas.

Joséphine, 26 ans, en fait partie. Cette jeune femme de la classe moyenne a vécu toute son adolescence dans une bourgade du Maine-et-Loire, élevée par une mère documentaliste et un père cadre dans l'Éducation nationale. À ce tableau familial, il convient d'ajouter une petite sœur. Quand je fais sa connaissance, elle vient tout juste de reposer ses valises dans la ville qui l'a vue grandir. À ce moment, elle sort d'une déception sentimentale, et, avec moi, elle revisite son adolescence marquée par de nombreuses soirées entre jeunes, où la seule question qui la tourmentait était de savoir quel garçon elle embrasserait.

Elle se remémore ainsi ses premiers flirts, ses premières ivresses, ses premiers baisers… mais aussi son « premier porno », à l'âge de 16 ans. C'était lors d'une soirée organisée par des garçons de son entourage, alors que les parents de son jeune hôte s'étaient absentés pour le week-end. L'un d'entre eux a eu un moment l'idée de projeter du porno sur un rétroprojecteur. « *Les images les plus explicites que j'avais vues à l'époque étaient des scènes d'amour au cinéma* », se souvient Joséphine. Mais en quelques minutes, elle s'est retrouvée exposée à une scène d'une violence qu'elle ne soupçonnait pas : une scène de sexe anal, en gros plan. Malgré la surprise, Joséphine s'est jointe aux éclats de rire pour suivre le mouvement. « *Cette scène n'a pas duré longtemps, mais je m'en souviens comme si c'était hier* », relate-t-elle.

L'innocence se fait parfois la malle encore plus vite que prévu. Un quart des jeunes interrogés m'ont confié avoir visionné leurs premières images pornographiques à 10 ans, voire plus tôt... Un visionnage souvent involontaire, qui corrobore les enquêtes ou les sondages publiés ces dernières années. Hugo, qui témoigne sous son vrai prénom, avait 10 ans, par exemple, quand il a fait son « entrée dans le monde de la pornographie ». Aujourd'hui âgé de 20 ans, cet étudiant en école d'ingénieur, issu d'un milieu aisé, a été élevé par une mère célibataire et ingénieure de recherche. Assis sur le gazon des jardins de la Cité universitaire à Paris, il raconte posément comment tout a basculé pour lui un après-midi, en compagnie d'un voisin de sa résidence. Alors qu'il jouait sur la Game Boy de son camarade allongé sur son lit, des cris stridents l'ont déconcentré. Son copain, âgé de 10 ans comme lui, était en train de regarder une vidéo porno sur le tout premier iPhone d'Hugo que celui-ci venait tout juste de recevoir à l'époque. Pendant un instant, ses yeux s'attardent sur l'écran, avant de ne plus pouvoir les décoller. Hugo vient de visionner pour la première fois une scène de sodomie « *bien sale* », comme il le dit lui-même. « *Je ne sais pas si j'ai été choqué*, glisse-t-il, hésitant. *Mais sûrement un peu, puisque je m'en souviens encore dans les moindres détails dix ans plus tard.* » Comme pour Joséphine, le souvenir est tenace.

Un premier contact inattendu qui peut être vécu comme un « viol psychique », selon les spécialistes. Le cerveau de l'enfant n'étant pas capable d'analyser ces images, ce dernier sera d'autant plus susceptible de chercher à les revisionner pour mieux les comprendre. Hugo n'échappe pas à la règle. Très vite, il s'empresse d'évoquer auprès de toute l'école sa nouvelle découverte, jusqu'au jour où sa mère apprend de la bouche d'un parent d'élève que son fils montre des vidéos pornos à ses copains de classe. Une discussion sérieuse s'ensuit où elle tente bon an mal an de lui expliquer que « la pornographie n'est pas la réalité ». Honteux d'avoir été découvert, Hugo décrit un moment « traumatisant ». La mise en garde le calmera un temps, avant qu'il ne rechute à son entrée dans l'adolescence. Là, il se met à regarder du porno en boucle dès qu'il en a l'occasion… « *Une fois tous les jours au moins* », souffle-t-il quand je lui demande de me donner la fréquence exacte. Une routine qui continue aujourd'hui, de son propre aveu.

Un formatage des désirs adolescents

La pornographie est, par nature, un regard exagéré sur la sexualité. « *Je savais que ce n'était pas la réalité* », m'opposent les uns et les autres comme pour se justifier. Soucieux de marquer une séparation entre leurs fantasmes et le réel, ils sont quelques-uns à préférer regarder des vidéos dites « hentai », qui sont des mangas à caractère érotique ou pornographique. Mais qu'importe le style de vidéo qu'ils affectionnent, une mise en scène outrancière leur est presque toujours nécessaire pour alimenter leurs fantasmes. Rares sont ainsi les garçons que j'ai pu rencontrer à avoir admis pouvoir se masturber sans cette stimulation visuelle. Rien de plus normal, quand on sait que la consommation assidue de pornographie donne lieu à une forme de « court-circuit de l'activité fantasmatique ». Autrement dit, la pornographie et la masturbation deviennent, inconsciemment, indissociables.

Avec du recul, Hugo se rend compte de l'impact considérable de la pornographie sur sa représentation des rapports hommes-femmes. Ce jeune homme blond au visage angélique se dit pourtant très sensible à la féminité, lui qui a été élevé par une « maman solo ». Mais dans l'intimité de sa chambre, il continue de s'abreuver de vidéos de domination qui vont souvent jusqu'à la violence physique. Strangulation, fessées, claques… « *J'ai banalisé ce genre de gestes. Plus jeune, je me disais que toutes les femmes aimaient ça. Quand on me demande le type de contenus que je regarde, je dois dire que je ne sais plus ce qui est violent ou pas* », admet-il.

Les garçons ne sont pas les seuls à être envahis par l'imaginaire pornographique. Manon a 22 ans lorsque je fais sa connaissance à l'entrée du jardin des Tuileries, dans le 1er arrondissement de Paris, par l'intermédiaire d'Hugo. Très vite, je comprends que cette jeune femme, qui accepte de témoigner sous son vrai prénom, fait partie des nombreuses conquêtes du jeune homme obtenues grâce à Tinder. Très populaire, cette application de rencontres est souvent présentée par ses utilisateurs comme le lieu propice pour nouer des liaisons légères et éphémères, même si les relations sérieuses n'y sont absolument pas proscrites. Bien au-delà de leur aventure, un des points communs entre Manon est Hugo est cette accoutumance à la pornographie. Mais à l'inverse d'Hugo, la jeune femme à la peau diaphane et aux cheveux de jais a plutôt été dégoûtée, la première fois, par les images qu'elle a pu voir. Un sentiment qui recoupe un constat que j'ai pu faire dans beaucoup de situations : au premier visionnage, la pornographie génère souvent deux réactions opposées – soit la fascination, soit le rejet. Quoi qu'il en soit, dans les deux cas, le choc émotionnel ouvre sur une fuite en avant.

La culpabilité de savoir qu'elle fait « quelque chose de mal » n'a ainsi pas empêché Manon d'évoluer vers une consommation de porno très intense. Objet d'attraction et de répulsion, la pornographie peut, dans les cas les plus graves, donner lieu à des comportements compulsifs. Pendant les vacances scolaires, l'adolescente pouvait par exemple regarder des vidéos porno au moins six fois par jour quand elle restait seule chez elle, dans la maison familiale située dans un village de l'Aude, près de Carcassonne. « *Après tout, il n'y avait que ça à faire !* » plaisante-t-elle. Plus le temps passait, plus elle en consommait, et surtout plus les vidéos étaient violentes. Entre le début du lycée et son entrée à l'université, elle passe ainsi de la catégorie

« softcore* » à « hardcore* » et découvre toutes sortes de pratiques extrêmes comme la double pénétration, le « face-fucking », la domination hardcore… Elle va même jusqu'à devenir accro aux vidéos de viols « simulés », avoue-t-elle. Une consommation effrénée de pornographie que Manon dit avoir ensuite souvent deviné identique chez les garçons avec lesquels elle avait des liaisons. « *Le nombre de fois où on m'a étranglée dès le premier rapport sexuel !* » s'exclame-t-elle.

Une « drogue numérique » addictive

Aujourd'hui, les chercheurs sont partagés sur la façon de caractériser les formes d'addictions que peut générer le porno. Certains ne veulent pas « pathologiser » la sexualité. La psychologue clinicienne María Hernández-Mora [1], spécialisée dans les addictions sexuelles et cybersexuelles, rencontre néanmoins tous les jours des adolescents en perte de contrôle au sein du centre d'addictologie de l'hôpital Simone Veil à Eaubonne, dans le Val-d'Oise. L'établissement est le premier en France à avoir ouvert une consultation spécialisée dans ce qu'elle n'hésite pas à appeler « l'addiction à la pornographie ». Lors de son audition par la délégation aux droits des femmes du Sénat en 2022,

1. María Hernández-Mora, psychologue clinicienne, docteure en psychologie spécialisée dans l'addiction sexuelle et notamment à la pornographie, est aussi la fondatrice du Centre Francophone de Ressource et d'accompagnement pour l'addiction à la pornographie (CeFRAPPP).

dans le cadre de travaux consacrés aux dérives de l'industrie pornographique, la praticienne soulignait déjà que 50 % de ses patients étaient des mineurs. Le rapport intitulé « Porno : l'enfer du décor », présenté par quatre sénatrices – Alexandra Borchio Fontimp (LR), Laurence Cohen (PC), Laurence Rossignol (PS) et Annick Billon (UCI) – à l'issue de ces auditions déplorait que « deux tiers des enfants de moins de 15 ans et un tiers des enfants de moins de 12 ans aient déjà eu accès à des images pornographiques », certains dès l'école primaire.

Je l'ai rencontrée un après-midi dans son bureau, entre deux consultations. Elle m'explique alors comment la pornographie agit sur le cerveau humain, avec un phénomène d'accoutumance et de tolérance. « *Dans le cas d'un jeune qui en regarde régulièrement, le fait que cela provoque des décharges de dopamine massives dans son cerveau peut donner lieu progressivement à un besoin d'augmenter les fréquences de visionnage et l'intensité des séquences* », explique-t-elle. Dans le circuit cérébral, l'hormone du plaisir favorise les comportements compulsifs visant à retrouver la sensation de plaisir ou de soulagement ressenti au moment de l'orgasme. En somme, le porno agit comme une « drogue numérique » dont les effets sur le cerveau sont comparables à ceux du crack, affirment les dernières études scientifiques. Les signes avant-coureurs d'une telle exposition chez un adolescent, comme pour d'autres addictions, les jeux vidéo par exemple, sont « *une grande irritabilité, une altération du sommeil, une tendance à l'isolement, voire au décrochage scolaire* », décrit-elle.

La plupart des jeunes que j'ai pu interroger sont toutefois rarement tombés dans ces travers sur le temps long. Malgré une accélération non dissimulée de la consommation de porno à l'adolescence, cette phase ne dure généralement qu'un temps. Quand les dérives addictives s'installent de façon sérieuse, cela concerne principalement ceux qui cumulent des vulnérabilités comme de l'impulsivité, des difficultés émotionnelles ou des antécédents traumatiques. La plupart de ceux qui se sont confiés à moi ont calmé le jeu à la fin de leur puberté, au moment de commencer vraiment leur vie sexuelle. Et les jeunes adultes encore adeptes de porno m'ont assuré avoir pris ensuite du recul avec ce flot d'images empreintes de stéréotypes, une démarche de « sevrage » initiée par 7 jeunes sur les 50 qui ont croisé ma route le temps de cette enquête. Même si sur ce long chemin de résilience, certains ont connu des rechutes, comme c'est souvent le cas pour toute personne en proie à une dépendance.

Chapitre 2

Garçons virils sous influence

Être un adolescent de 14 ans inscrit sur TikTok aujourd'hui, c'est risquer de se retrouver, souvent sans le vouloir, plongé dans des sphères « masculinistes », qui ont pris d'ailleurs une place importante sur Internet ces dernières années. Le 22 mai 2025, le terme « masculinisme » a même fait son entrée dans le Petit Larousse. Le célèbre dictionnaire le définit comme un « mouvement qui estime que l'homme souffre de l'émancipation des femmes ». Cette définition fait écho à celle de l'anthropologue Mélanie Gourarier, qui, dans son ouvrage *Alpha mâle* [1], décrit le masculinisme comme « une idéologie qui considère les masculinités comme étant en crise, en perte de vitesse, dans une société qui leur serait de moins en moins favorable ».

« Comment faire tomber amoureuse une fille » ; « Trop efféminé : je fais quoi pour être viril ? » ; « Dis

1. *Alpha mâle. Séduire les femmes pour s'apprécier entre hommes*, Seuil, 2017.

adieu au mec que tu étais qui galère avec les filles » : ainsi s'intitulent les vidéos des influenceurs masculinistes auxquels peuvent être exposés les adolescents d'aujourd'hui. Exploitant les vulnérabilités des jeunes garçons en pleine construction identitaire, ces « coachs en séduction » autoproclamés déversent leurs conseils de drague qui se réduisent à une liste d'injonctions virilistes, distillant au passage une vision régulièrement réductrice de la femme.

Fans de « coachs en séduction » ultra virils

Thomas, 24 ans, a été un fervent consommateur de ces coachs avant même que ces contenus ne se généralisent sur TikTok. Installé depuis quelques années à Paris, ce jeune chef de projet créatif a grandi au Mans dans une famille de classe populaire. Sa mère est secrétaire médicale, son père chauffeur-accompagnateur. Il est le seul, parmi les jeunes hommes rencontrés pour cette enquête, à admettre sans détour avoir consommé ces contenus à l'adolescence. En terrasse, dans le 12e arrondissement de la capitale, ce garçon qui témoigne anonymement me confie que c'est en classe de quatrième que son obsession pour le sexe a débuté car c'était alors un moyen pour lui de prouver sa masculinité. La fameuse « pression de la première fois » a fait de lui une cible idéale pour ces influenceurs d'un autre genre.

L'adolescent se nourrissait alors quotidiennement des conseils en séduction d'un « coach » très populaire sur YouTube, à l'époque. En dévorant ces vidéos qui partagent phrases toutes faites et attitudes viriles pour séduire les filles, son objectif est clair : faire sa première fois au plus vite. « *C'était vraiment la course à qui le ferait le premier ! Tous mes potes se mettaient en couple autour de moi… Certains commençaient déjà à faire les prélis ! Et moi, je me disais : "Moi aussi, je veux une copine pour pouvoir faire des trucs"* », me lâche-t-il d'un ton nonchalant. Encore aujourd'hui, Thomas semble convaincu d'avoir mieux compris les attentes des femmes grâce aux conseils de ce prétendu spécialiste. « *Avant de regarder ces vidéos, je ne savais pas draguer une meuf ou comment lui faire plaisir au lit* », dit-il.

Mais quels sont les conseils qui ont révolutionné la vie sexuelle de ce jeune homme ? En faisant quelques recherches sur le Net, j'exhume une vidéo YouTube publiée en 2020 par ledit coach en séduction, qui semble avoir changé de carrière depuis. Sur un ton très professoral, lunettes d'intello sur le nez et veste de blazer sur les épaules, Sélim Niederhoffer de son vrai nom, coach pour la plateforme Artdeseduire.com qui rassemble 108 000 abonnés au moment où j'écris ces lignes, livre sa recette personnelle de la virilité en huit étapes, promettant que ses conseils permettront à ses jeunes apprentis séducteurs de devenir de véritables tombeurs. La méthode proposée ? Contrôle du langage corporel, style vestimentaire, confiance en soi, barbe, sport, alimentation équilibrée et voix grave… Le message-clé véhiculé est toujours le même : un homme doit éviter tout ce qui peut être perçu comme « trop féminin ». « *Faites attention à votre langage corporel, il joue un rôle crucial dans l'impression que vous renvoyez.* » Pas question de croiser les jambes ou d'afficher des gestes jugés trop efféminés : il faut incarner une masculinité virile à l'extrême, à l'image par exemple de James Bond alias 007, le célèbre personnage d'agent secret réputé insensible et ultra séducteur.

Un discours chargé de stéréotypes genrés qui devient problématique au moment d'évoquer la confiance en soi. « *Les hommes virils dégagent une confiance en eux indiscutable. Si vous doutez constamment de vos capacités, si vous vous plaignez sans cesse, cela peut être perçu comme immature ou même féminin* », assène-t-il. Dans le monde des coachs en séduction, être un homme, un vrai, c'est d'abord ne jamais douter, ne jamais montrer de faiblesse. Et quand il enchaîne sur la musculation et la pratique du sport, il ne mâche pas ses mots et aligne d'autres poncifs : « *Pour être viril, il faut avoir du muscle. La musculation et le sport augmentent la testostérone.* » Malgré les apparences, l'intéressé s'est déjà défendu d'être « un méchant masculiniste », pour reprendre ses mots, dans certains articles de presse féminine [1] qui tentaient de questionner ce discours. Ces conseils très orientés, fondés sur des idées préconçues des identités de genre, ont toutefois guidé nombre de jeunes hommes comme Thomas dans leur découverte de la sexualité.

1. « Les coachs en séduction font-ils du sexisme leur gagne-pain ? », *Terrafemina*, février 2020.

Le parcours amoureux de Thomas suivra donc ces conseils, jusqu'à ce qu'il parvienne à entamer sa vie sexuelle. Au lycée, Thomas est enfin parvenu à sortir avec une fille. Il avait 15 ans. « *Elle était la plus belle fille du lycée* », clame-t-il. En racontant ce moment, c'est comme si le jeune homme, aujourd'hui bien plus sensible et respectueux des filles à le croire, redevenait subitement cet adolescent en pleine puberté, un brin fanfaron, qui s'enorgueillit des dernières conquêtes ajoutées à son « tableau de chasse ». Sa première fois ne sera pas à la hauteur du nirvana promis dans les vidéos qu'il regardait. Mais qu'importe que ce moment n'ait pas été synonyme de partage : il s'agissait avant tout pour lui de cocher la case avant les autres. « *Parce que c'est la classe d'être le premier !* »

Le couple est la plupart du temps pour les adolescents la promesse de pouvoir enfin passer « aux choses sérieuses ». Plus que de simplement sortir avec quelqu'un, il s'agit de « faire couple » en reprenant les codes des relations adultes, en quelque sorte. Dans ce moment de construction, la faculté des garçons à sortir du célibat leur octroie en effet une valeur sociale, comme l'ont souligné nombre de sociologues [1] qui se

1. La sociologue Isabelle Clair a enquêté pendant dix ans sur les amours adolescentes. Dans son livre *Les Choses sérieuses* (éditions du Seuil, 2023), la directrice de recherche au CNRS spécialiste de la jeunesse explique comment, à l'adolescence, le couple confère un « statut social », car il rend visible le fait qu'on est un être désiré et hétérosexuel. Dans ses recherches, elle a prouvé que la norme du couple hétérosexuel est encore tenace à cet âge.

sont intéressés aux amours adolescentes. Pour beaucoup de garçons, c'est aussi un moyen de prouver leur hétérosexualité.

TikTok, une porte ouverte sur le masculinisme

Les spécialistes du sujet me l'ont répété : le mouvement masculiniste touche aujourd'hui toutes les classes sociales, toutes les tranches d'âge... Et ce phénomène s'est accentué ces dernières années, avec une réelle volonté de cibler la jeunesse, grâce à des stratégies marketing très rodées sur les réseaux sociaux. Sous couvert de « coaching » en séduction, en business et en développement personnel, de plus en plus d'influenceurs ouvertement misogynes apparaissent sur la Toile, aux États-Unis comme en France, faisant passer des messages bien plus politiques qu'il n'y paraît.

La star incontestée du mouvement est le Britannique Andrew Tate, avec ses muscles saillants, son éternel cigare et ses voitures de luxe qui font rêver nombre d'adolescents... Poursuivi par la justice roumaine en 2023 pour viol, trafic d'êtres humains et constitution d'un groupe criminel organisé, l'influenceur est également visé par une enquête pénale, aux côtés de son frère, par les autorités de Floride. L'homme a même été banni de TikTok et d'Instagram pour avoir tenu des propos misogynes et violents : il expliquait notamment à ses abonnés comment « frapper une femme ». À lui seul, Andrew Tate, qui ne cesse de répéter que « les femmes sont les propriétés des hommes », rassemble plus de 10 millions d'abonnés sur le réseau social X.

Le même phénomène est largement répandu sur TikTok : le format de l'application ainsi que son algorithme conduisent certaines vidéos à être vues des millions de fois. Sur ce même réseau social prisé des plus jeunes, le hashtag #alphamale (« mâle alpha » en français), par exemple, est utilisé dans près de 300 000 vidéos et comptabilise des centaines de millions de vues au moment où j'écris ces lignes. Dans l'objectif de mieux comprendre comment ces contenus envahissent les cerveaux des jeunes, j'ai téléchargé l'application et j'ai prétendu être Mickael, un ado de 14 ans, friand de conseils de drague qui cherchait avant tout à plaire aux filles de son âge. En fonction de ces goûts supposés, j'ai « liké » des vidéos en rapport avec les filles et la séduction… En quelques minutes, l'algorithme s'est emballé et c'est un flot incessant de vidéos qui s'est déversé sous mes yeux, me promettant de devenir « viril », « alpha » et parfaitement irrésistible.

Opération séduction ou manipulation ?

La première vidéo TikTok qui m'est proposée est celle d'un influenceur dont le pseudo est 26 Fils de Boss, et qui cumule près de 650 000 abonnés. Casquette vissée sur la tête, ce jeune homme d'une trentaine d'années se lance dans un plaidoyer pro-virilité qui rappelle celui du « coach » suivi par Thomas, bien qu'il s'exprime cette fois sur un ton bien plus offensif. « *Être viril, c'est essentiel, malgré ce que ces fils et filles de lâches veulent nous faire croire* », annonce-t-il d'emblée. En continuant de parcourir sa page, je tombe sur une vidéo vantant les meilleures techniques pour embrasser une fille. La botte secrète du jeune homme semble réduire la séduction à un enchaînement d'actions mécaniques : selon lui, il suffirait de pencher son visage vers celui de la fille et de lui demander d'un air séducteur de quelle couleur sont ses yeux et le tour est joué. « *Soit elle recule, soit elle ne bouge pas. Et là, tu attrapes son menton, tu te rapproches et tu la galoches !* » s'écrie-t-il, hilare. En conclusion, il incite ses abonnés à réserver un appel gratuit pour bénéficier d'une aide personnalisée afin de trouver une « copine de qualité en moins de 90 jours ». Cette promesse d'une solution rapide et efficace semble réduire le couple à une transaction ou un jeu de rôles et la masculinité à un nombre de conquêtes.

Les conseils amoureux proposés par ces comptes versent souvent dans la manipulation – et ne s'en cachent pas. Après quelques minutes à faire défiler TikTok, je tombe sur une publication recyclant des images d'hommes virils issus de la *pop culture*, parmi lesquels notamment l'acteur de la série britannique *Peaky Blinders*, Cillian Murphy, dont le visage impassible est devenu, malgré lui, un emblème masculiniste à part entière. Cette fois, cependant, il ne s'agit pas d'un influenceur qui délivre ces conseils, mais d'un « bot », soit un faux compte automatisé qui relaie des contenus en utilisant des algorithmes et des mots-clés. Ce type de pratique est également courant chez les groupes d'extrême droite, qui l'utilisent pour envahir les réseaux sociaux. Le message qui accompagne les photos est tout aussi frappant : pour « rendre obsédée » une fille, il faut devenir inaccessible, être occupé, ne pas répondre trop vite, se montrer distant, ne jamais se plaindre et, surtout, ne pas être trop gentil. Autant de stratégies qui sont supposées créer de l'attraction, mais qui n'ont qu'un seul but : instaurer une emprise. Certaines publications n'hésitent pas à désigner ces techniques comme de la manipulation. D'autres influenceurs expliquent également à leur audience qu'une fois le couple formé, leurs copines n'ont pas le droit d'aller à des concerts ou encore d'avoir des amis garçons. Une lecture des relations amoureuses rétrograde qui donne un « mode d'emploi » problématique à des adolescents en perte de repères.

Derrière les grandes promesses masculinistes se cache en fait une vision du monde qui réduit les femmes à des obstacles à surmonter, des récompenses à obtenir, des corps à posséder. Elles sont présentées comme des proies, jeunes et dociles, à « dresser » selon le désir des hommes. Pour ces nouveaux rôles modèles qui se présentent comme des hommes à qui tout réussit, les filles qui multiplient les aventures amoureuses sont des « clochardes » ou des « tchoins [1] », autrement

1. Le nom féminin « tchoin » est un mot très péjoratif, qui est le plus souvent insultant. Il désigne d'abord une fille facile, voire une prostituée.

dit des filles de petite vertu, dont il ne faut pas tomber amoureux et qu'il faut encore moins épouser. En résumé : les hommes ont le droit d'enchaîner les conquêtes voire de tromper leurs partenaires, mais les femmes, elles, ne peuvent pas en faire autant. De même, ces influenceurs justifient la détresse affective des jeunes hommes en leur expliquant que ce n'est pas leur faute s'ils ne plaisent pas à la gent féminine. La société post-#MeToo serait entièrement responsable de leurs échecs sentimentaux. Avec ces vidéos de quelques secondes massivement partagées, les masculinistes recrutent en tout cas les adolescents en masse.

Tous ces tutoriels en séduction finissent par façonner des réalités. Au cours de mes entretiens, j'ai pu constater à quel point le sexisme avait encore de beaux jours devant lui parmi les jeunes hommes de cette nouvelle génération, qui se révèlent pour une bonne partie d'entre eux assez peu progressistes. En les écoutant, on comprend que les filles sont pour eux des trophées qui, en se laissant séduire, leur permettent d'être considérés comme de « vrais hommes », quitte à parfois changer d'avis dans le meilleur des cas au milieu de la vingtaine, après avoir vécu quelques expériences. Sans se dire ouvertement antiféministes, une part non négligeable de ces jeunes expriment des doutes sur les avancées féministes de ces dernières années. Adoptant une posture parfois victimaire, certains en sont convaincus : il est délicat d'être un garçon aujourd'hui, notamment quand il s'agit d'aborder les relations amoureuses.

Un constat en alignement avec le dernier rapport du Haut Conseil à l'Égalité sur l'état des lieux du sexisme en France qui alertait, le 20 janvier 2025, sur « une polarisation croissante de la jeunesse, avec d'un côté des femmes plus sensibles au féminisme et de l'autre, une partie des jeunes hommes plus sensibles à des positions sexistes très dures, aux discours masculinistes et aux mouvements réactionnaires ». En 2023, le même rapport annuel soulignait que parmi les hommes de moins de 35 ans, 20 % pensaient qu'il fallait vanter ses exploits sexuels auprès de ses amis, 21 % qu'il fallait rouler vite et 23 % qu'il fallait parfois être violent pour se faire respecter. Même si ce retour en arrière est à nuancer dans l'ensemble, un ressenti est unanimement partagé par les jeunes hommes de mon échantillon : le poids des injonctions virilistes sur leur parcours amoureux. « *On nous dit toute la journée d'être dur, de ne pas pleurer, de rester stoïque…* », se désole l'un d'entre eux.

« Je suis raisonnablement sexiste, comme chaque homme »

La première fois que je rencontre Florian à Lille, son vocabulaire me frappe tant il fait écho aux propos des masculinistes en vogue sur les réseaux sociaux. Ce gaillard de 21 ans correspond au parfait cliché du « mâle alpha » attendu : il est grand, athlétique, musclé, parle d'une voix grave et paraît étonnamment sûr de lui pour un garçon de son âge. Au bout de quelques minutes de discussion, il lance une phrase qui a le mérite d'être claire : « *Je dirais que je suis raisonnablement sexiste, comme chaque homme.* » Je lui demande de préciser sa pensée. Un sourire narquois au coin des lèvres, il répond, impassible : « *Mon rôle d'homme suppose une position à tenir dans la société et dans le couple.* » Ce garçon qui avait 15 ans au moment de #MeToo s'est forgé une vision assez critique du féminisme moderne, dont il pointe les « *faux combats* ».

Tout au long de sa scolarité, le jeune étudiant en troisième année de licence d'histoire a été inscrit dans des établissements privés catholiques du nord de la France. Enfant unique, cet Haïtien d'origine a été adopté par une femme célibataire, cadre dans la fonction publique territoriale, et a grandi dans la classe moyenne supérieure. Bien qu'il ait vécu entouré de femmes, ses propos versent parfois dans une forme de misogynie assumée. Alors même qu'il se prétend « romantique », il ne fait pas de mystères sur sa façon d'envisager les filles, qui semblent être à ses yeux de simples distractions quand il n'est pas amoureux. Pour lui, la séduction se résume à « *une forme de manipulation visant à faire oublier tous ses mauvais côtés* » à la personne convoitée, ce qui rappelle encore une fois le lexique dont usent et abusent les masculinistes.

Comme pour beaucoup, sa première relation amoureuse à l'adolescence n'est pas un souvenir impérissable : il a quitté sa copine au moment d'entrer en sport études. « *Une nana, c'était chiant pour moi à cette époque ! Moi, je voulais être avec mes potes* », se justifie-t-il. Avant d'ajouter : « *Pardon pour la vulgarité, mais je me faisais sucer et cela me suffisait !* » À l'époque, cet aspirant sportif de haut niveau ne veut pas perdre son temps avec ces mièvreries. Dans son discours, les filles semblent être réduites à des stéréotypes, toutes supposées avoir les mêmes attentes et comportements amoureux. « *Les filles cherchent soit un bad boy, soit un fils à papa !* » résume-t-il de manière tranchée avant de se plaindre du trop grand nombre de « michtos » au sein de son université. Ce terme issu de l'argot, très en vogue chez les jeunes, désigne des femmes supposées vénales.

Pour Florian, le couple est aussi le meilleur moyen pour les hommes d'avoir du sexe régulièrement. Célibataire depuis un mois après une relation de quatre ans au moment de notre rencontre, le jeune homme confie ne pas faire beaucoup de rencontres. Pour lui, « *10 % des mecs peuvent se permettre de consommer du sexe comme ils veulent, alors que les nanas peuvent coucher quand elles veulent* ». « *Nous, les mecs, on souffre de misère sexuelle* », conclut-il.

Le terme de « misère sexuelle » suggère que les hommes auraient des besoins sexuels inhérents à leur condition d'homme. En réalité, cette expression est issue des sphères masculinistes ; elle est centrale dans les discours des groupes incels (pour « involuntary celibates », soit célibataires involontaires en français), qui se perçoivent comme des victimes d'une société qui marginalise leurs « besoins sexuels ». L'écrivain Michel Houellebecq a souvent décrit dans ses romans les conséquences de cette prétendue « misère sexuelle » à travers des personnages de cadres moyens insatisfaits sexuellement, réduits à un célibat monacal et au visionnage compulsif de films pornographiques. Aujourd'hui, un certain nombre de jeunes hommes adoptent, comme Florian, ce schéma de pensée qui vise à rendre les femmes coupables de leur mal-être.

Récemment, la fiction s'est emparée de ce courant de pensée. En mars 2025, la série « Adolescence » diffusée sur Netflix racontait en quatre épisodes le destin de Jamie Miller, 13 ans. Le garçon « incel » nourrit une haine des filles, allant jusqu'à en tuer une. Le succès est colossal : la série dépasse les 100 millions de vues. La série qui dénonce les dérives des réseaux masculinistes sera diffusée dans les collèges britanniques sur demande du Premier Ministre.

Face au diktat de la performance, la grande débandade

Être biberonné aux vidéos virilistes de TikTok, mais aussi et surtout au porno, n'est pas sans conséquences pour la génération Z sur la façon d'envisager la sexualité. La liste des impératifs pour être un « bon coup » donne le tournis : il faut avoir un gros sexe, tenir longtemps et incarner le rôle de dominant, le fameux « mâle alpha ». En somme, c'est une véritable performance digne d'un film porno qui est attendue sous peine de ne pas être un homme, un vrai. Avec les angoisses qui accompagnent la première expérience sexuelle, les jeunes garçons en oublient la notion de partage intrinsèquement liée à la sexualité. La dictature de la performance qui s'impose à eux les inhibe au moment de l'acte tant leurs attentes sont irréalistes. Les pressions en lien avec la masculinité ont toujours existé, mais les réseaux sociaux et la pornographie semblent aujourd'hui les exacerber.

En grand consommateur de porno, Hugo a éprouvé de grandes difficultés lors de son premier rapport sexuel, à l'âge 15 ans. Son idéal de virilité était, de fait, parfaitement inaccessible. Lors d'un après-midi chez sa petite amie de l'époque, les amoureux ont décidé de sauter le pas. « *Nous avons essayé de le faire au moins quatre fois avant d'y arriver* », raconte-t-il. Il ajoute : « *Je pense que je n'étais pas prêt. Quand finalement, j'ai réussi à avoir une érection, je n'ai pas pu finir. Le rapport a duré au moins quarante minutes... À la fin, j'ai simulé pour arrêter le rapport.* » Les troubles érectiles et éjaculatoires, quand ils durent dans le temps, peuvent être causés par l'angoisse de la performance, le stress ou la dépression. Selon certains spécialistes, une consommation intense de porno dès le plus jeune âge peut également avoir des conséquences sur la libido.

De fait Hugo compare immédiatement cette première interaction sexuelle et amoureuse avec les films violents qu'il regarde pour se masturber. « *J'imaginais une fille qui crie à tout va et jouit à n'en plus finir pendant que le mec bestial kiffe son moment. Mais ce n'était pas du tout ça ! Nous, c'était très silencieux.* » Tout le long, le jeune couple reste dans la position du missionnaire et découvre ces nouvelles sensations yeux dans les yeux. Un moment qui, d'un point de vue extérieur, pourrait être perçu comme attendrissant. Mais le jeune homme, lui, considère cette première fois « ratée ». « *Je suis parti en me disant que je préférais me masturber seul devant un porno.* » Depuis le début de sa vie sexuelle, Hugo n'a cessé d'envisager la sexualité sous le seul prisme de la performance. Aujourd'hui, il continue de rencontrer les mêmes troubles érectiles à chaque rapport sexuel, au point qu'il se concentre désormais sur une sexualité non pénétrative.

L'image est frappante et paradoxale à la fois. Comment un jeune homme de 20 ans peut-il rencontrer tant de difficultés à maintenir une érection satisfaisante ou même à obtenir un orgasme ? En réalité, selon certaines enquêtes [1], les troubles sexuels seraient en hausse chez les jeunes. Parmi les garçons qui font partie de mon échantillon, 33 % ont confié avoir déjà rencontré des troubles de l'érection, tandis que 42 % ont évoqué des difficultés liées à l'éjaculation. Et dans l'écrasante majorité des cas, ces dysfonctions sexuelles ne se limitaient pas seulement à la première fois.

Les avis sont partagés chez les spécialistes, mais pour une partie de la communauté scientifique, il existe

1. Enquête Ifop, « Les hommes et les problèmes d'érection, le grand tabou ? », 2019. Selon cette étude, 33 % des hommes de moins de 35 ans ont déclaré avoir rencontré des difficultés d'érection ou des troubles du désir.

bien un lien direct entre consommation régulière et excessive de pornographie et certaines dysfonctions sexuelles. Cette thèse a émergé lorsqu'il a été remarqué que l'augmentation des troubles sexuels chez les hommes de moins de 40 ans allait de pair avec l'accès croissant à la pornographie en ligne.

En 2011, des chercheurs italiens[1] soulignaient dans une étude que le phénomène d'« anorexie sexuelle » pouvait avoir un lien avec une consommation excessive de porno, susceptible de désensibiliser le désir. Puis, une étude parue en 2016 dans *Behavioural Siences*[2] a développé l'argument que « les facteurs qui ont permis pendant un temps de décrire les difficultés sexuelles des hommes apparaissent insuffisants ». Pour autant, il n'existe pas de consensus scientifique, et une autre étude publiée cette fois par *Sexual Medecine*[3] a suggéré, au contraire, que le lien entre dysfonction érectile et consommation de pornographie n'est pas si évident.

Quelles que soient les discussions scientifiques, certains jeunes que j'ai rencontrés m'ont confié avoir vécu des épisodes où ils ont eu le sentiment que cette consommation excessive de pornographie avait clairement affecté leur libido. Et l'unique solution qui leur

---

1. ANSA.IT. « Italian men suffer "sexual anorexia" after Internet porn use », 2011.

2. B. Y. Park *et al.*, « Is Internet Pornography Causing Sexual Dysfunctions ? A Review with Clinical Reports », *Behavioral Science*, 2016.

3. N. Prause *et al.*, « Red Herring : Hook, Line, and Stinker », *Sexual Medicine*, 2015.

est apparue aura été de réduire progressivement leur consommation, ce qui leur a permis le plus souvent de retrouver une sexualité plus épanouie.

Homme alpha ou déconstruit ?

Le drame de beaucoup de garçons se résume finalement à être déchirés entre deux idéaux parfaitement irréconciliables : celui du « mâle alpha » et celui de l'« homme déconstruit [1] » allié des féministes. En allant à la rencontre de tous ces jeunes hommes, ce constat me paraît évident tant j'ai remarqué une scission entre eux sur le plan idéologique. Il y a la majorité silencieuse qui vante donc des valeurs plutôt traditionnelles, et ceux qui s'inscrivent davantage dans une vision progressiste des rapports hommes-femmes. Ces derniers n'hésitent pas à se qualifier de « féministes » ou encore d'« alliés ». Tiraillés par les mêmes injonctions masculines que les autres, ils ont finalement renoncé à se conformer à l'image du séducteur musclé vantée sur les réseaux sociaux, et cherchent à façonner une masculinité qui leur est propre.

1. Un « homme déconstruit » désigne un individu qui remet en question et déconstruit les normes traditionnelles de la masculinité, telles que la domination, l'agressivité et l'absence d'émotions. Ce terme reflète une approche plus ouverte et nuancée de l'identité masculine, qui inclut la vulnérabilité, l'empathie, l'égalité entre les genres et le rejet des stéréotypes sexistes. L'homme déconstruit cherche à redéfinir son rôle au sein de la société, souvent en s'inspirant des idéaux féministes.

Depuis l'éclosion du mouvement #MeToo, ces garçons doux, fiers de leur part de féminité, trouvent peu à peu de nouveaux modèles dans la *pop culture*. Timothée Chalamet, par exemple, fait partie de ces nouveaux rôles modèles. L'acteur franco-américain, révélé dans *Call Me by Your Name* (2018) de Luca Guadagnino, s'est fait connaître en incarnant dans ce long-métrage un jeune homme de 17 ans découvrant l'amour et la sexualité avec un homme plus âgé que lui, le temps d'un été en Italie. Aujourd'hui, ce jeune acteur frêle à la voix douce et féminine fait rêver beaucoup de jeunes femmes de sa génération, incarnant avec assurance une nouvelle image de la séduction masculine. Malgré son statut d'idole des jeunes, il n'hésite pas sur les tapis rouges à surprendre avec des tenues féminines, des colliers et autres accessoires qui bousculent les codes.

Homme déconstruit ou mâle dominant ? Pierre, 20 ans, a choisi son camp, même s'il ne l'exprime pas de cette façon. Quand il s'avance vers moi dans le parc des Buttes-Chaumont, à Paris, un détail m'interpelle immédiatement : les barrettes roses qui maintiennent ses cheveux blonds. Il a un visage doux, des yeux bleus perçants, et il incarne cette nouvelle masculinité qui assume justement son côté féminin. D'un ton posé, celui qui témoigne sous son vrai prénom me raconte avoir grandi dans une maison où l'on répétait sans cesse l'importance du consentement et du « respect du corps de l'autre ».

Contrairement à certains accros au porno, Pierre n'a pas ressenti la « pression de la première fois » quand il s'est décidé à faire l'amour avec sa copine, alors qu'il était âgé de 15 ans. « *Je suis très fier de cette relation car c'était du respect du début à la fin. Un matin, elle est arrivée chez moi avec des capotes. L'expérience était évidemment chaotique, puisque c'était une première fois, mais c'était tendre. Il n'y avait aucune performance, c'était pur et sans attentes.* » Bien sûr, il n'a pas échappé à l'influence de la pornographie et confesse avoir parfois hypersexualisé les femmes, mais il marque dans son discours une rupture avec les autres garçons de son âge. De son côté, il passe plus de temps à parler d'amour, de rencontres, de connexions, que de performances ou de tableaux de chasse.

La règle de l'hétérosexualité, un fardeau pour les garçons gays

Les témoignages des garçons gays ou bisexuels mettent en évidence un tout autre vécu que celui des hétérosexuels. Dans la fameuse course à la première fois qui se joue au lycée, ils sont sans doute les grands oubliés. Parmi les concernés, tous ont confié avoir vécu des difficultés en milieu scolaire, notamment des situations de harcèlement en raison d'une apparence ou de manières jugées trop efféminées par leurs camarades. Dans ce contexte, leur éveil à la sexualité se fait forcément à l'abri des regards. Le couple comme espace d'expérimentation de la sexualité n'est pas envisageable pour eux, l'homosexualité masculine étant encore aujourd'hui fortement réprimée à l'adolescence.

Nathan, 25 ans, est passé par un long chemin de résilience avant de pouvoir vivre sereinement sa première expérience sexuelle. En *scrollant* sur son compte Instagram quelques heures avant notre rendez-vous dans le 20e arrondissement de Paris, j'observe à quel point il assume en ligne tous les signes qui auraient été susceptibles de l'exposer au soupçon de l'homosexualité dans la cour du lycée. Sur une photo notamment, il pose tout sourire face au miroir de sa chambre avec un crop top [1] et une jupe en jeans. Autant de symboles d'une masculinité androgyne qui auraient été moqués quelques années plus tôt.

Tout au long de sa scolarité, Nathan a fait partie de ceux qui cachaient leur véritable orientation sexuelle par peur de subir des discriminations. Depuis ses 13 ans, il est pourtant parfaitement conscient de son attirance pour les garçons en raison de son appétence pour le porno gay, qu'il regardait alors très régulièrement. Le schéma hétérosexuel qui prédomine dans la cour de récréation lui paraissait alors particulièrement écrasant. « *Je n'avais pas du tout envie d'endosser tous ces stéréotypes masculins. Cette idée de l'homme qui pénètre la fille me rendait très confus* », confie-t-il, l'air dégoûté, en tirant sur sa cigarette. Même sorti du carcan du lycée, il a peiné à se libérer pleinement, n'osant pas révéler son

1. Un crop top est un haut court qui laisse voir le nombril de la personne.

homosexualité à son entourage. « *Je disais autour de moi que j'étais hétéro, alors que je savais que c'était faux. Je pensais qu'il fallait se cacher* », se souvient-il. Issu d'une famille de confession juive, il n'a jamais fait non plus de coming out officiel devant elle, car l'homosexualité y demeure un tabou. Néanmoins, il refuse de qualifier sa famille de « traditionaliste ».

En emménageant seul dans la capitale française pour continuer ses études dans la production cinématographique, il s'ouvre au monde LGBTQIA+ et participe à quelques soirées gays. Soucieux de faire de nouvelles expériences, il embrasse quelques garçons en soirée sans jamais aller plus loin. Mais avec le temps, Nathan s'impatiente, au point de se demander s'il ne va pas « mourir vierge ». N'y tenant plus, c'est à 23 ans qu'il fait sa première fois avec un garçon. *Exit* le romantisme, il choisit de trouver son partenaire d'un soir sur une application de rencontres. « *Tu viens chez moi ?* » lui demande rapidement le garçon dont il vient à peine de faire connaissance. Après seulement quelques heures à discuter sur une terrasse de café à Paris, il accepte de le suivre chez lui.

Le rapport sexuel a lieu sans éveiller d'émotions particulières. Pour ne pas perdre la face, Nathan ne dit pas qu'il est novice en la matière. Sans aucune perspective de relation amoureuse, chacun sait pertinemment à quoi s'en tenir. « *Le couple, ce n'était pas mon truc. Je n'ai pas du tout romantisé la chose, j'avais juste envie de passer le cap et d'enfin vivre ça comme tout le monde.* »

Quand finalement Nathan ressort de l'appartement, c'est comme s'il ne s'était rien passé. Une première fois qui ressemble à celles de beaucoup d'autres jeunes hommes gays qui se sont confiés à moi au cours de ces douze mois d'enquête.

Les garçons gays n'ont pas tous besoin d'attendre aussi longtemps que Nathan : la fin du lycée est souvent le moment où ils se permettent enfin de vivre une sexualité sans entraves. Même si ce n'est pas la majorité, les plus aventureux tentent de faire des rencontres via les applications de *dating* pendant leur scolarité. Là où, il y a quelques années, les lieux estampillés LGBTQIA+ étaient propices aux premières aventures homosexuelles, c'est aujourd'hui le numérique qui prend le relais. En dehors des grilles du lycée, tous ces garçons peuvent enfin se débarrasser du poids de la virilité hégémonique pour enfin devenir l'homme qu'ils ont toujours rêvé d'être.

Le numérique amplifie donc les angoisses adolescentes, en offrant un accès incessant à des contenus qui exaltent un idéal inaccessible et une vision des relations empreintes de stéréotypes genrés. Malgré la prolifération des coachs en séduction qui prétendent livrer aux garçons la « recette magique » pour perdre leur virginité, ni eux ni les filles ne connaissent leurs premières fois plus tôt que les générations précédentes… Bien au contraire, le phénomène semble même s'inverser.

En France, selon une vaste enquête publiée par l'Inserm fin 2024, l'âge moyen au premier rapport sexuel a légèrement augmenté ces dernières années, atteignant 18,2 ans pour les femmes et 17,7 ans pour les hommes en 2023, sans différences notables selon le milieu social. Dans les années 2000, on était à 17,3 ans pour les deux genres. Une légère inversion de tendance par rapport à celle observée entre le début des années 1960 et le milieu des années 2000, où l'âge médian avait diminué, et qui « s'observe dans d'autres pays », note l'étude. Après un rapide calcul, je note que l'âge moyen de la première fois est de 17 ans parmi celles et ceux que j'ai rencontrés et qui sont sexuellement actifs. Preuve que malgré toutes ces injonctions qui pèsent sur leurs épaules, l'entrée dans la sexualité n'en devient pas plus précoce.

Chapitre 3

NUDES, REVENGE PORN ET SEXISME 2.0

Montrer son corps sous toutes les coutures par écran interposé est devenu incontournable pour les jeunes filles qui espèrent susciter le désir dans l'œil de leur partenaire. L'apprentissage des relations de séduction passe désormais par les réseaux sociaux. Après une année à suivre les histoires d'amour de cette jeunesse, j'ai bien compris à quel point l'envoi de photos dénudées et de messages à caractère sexuel faisait partie intégrante de la vie de ces jeunes, que ce soit dans la phase de séduction ou même lorsqu'ils se mettent en couple. C'est ce qu'on appelle communément le « sexting [1] ». Et en l'occurrence, ils sont 84 % – garçons et filles confondus – à m'avoir confirmé qu'ils avaient déjà envoyé des « nudes [2] » dans leur vie.

1. Le « sexting » désigne l'envoi, la réception ou le partage de messages, photos ou vidéos à caractère sexuel explicite, généralement via des applications de messagerie. Il peut inclure des messages suggestifs, des photos ou des vidéos de nature intime, souvent dans un contexte de flirt ou d'échanges privés.

2. Un « nude » désigne une photo généralement intime, dans laquelle une personne, souvent en tenue légère ou complètement

Une mise à nu qui signe indéniablement un « pacte de confiance » entre les deux partenaires, à tort ou à raison.

Les « nudes », ces nouveaux flirts numériques

Sur les pages Instagram et TikTok de Salomé qui vient tout juste de fêter ses 21 ans, les photos et vidéos où elle s'affiche en maillots de bain et tenues moulantes, à la façon des influenceuses, sont nombreuses. Yeux en amande, bouche charnue, ongles impeccablement manucurés et poses de mannequin en témoignent, elle semble avoir pleinement accepté l'idée que pour plaire aux garçons, elle doit mettre en avant ce corps hypersexualisé partout, y compris sur la Toile. Un soir d'été, cette fille de bonne famille me parle depuis le salon du spacieux appartement familial, situé dans le très prestigieux 16e arrondissement de Paris, où elle vit aussi avec ses deux sœurs. Son père est directeur dans l'immobilier, sa mère secrétaire médicale.

Bien qu'elle soit issue d'une famille juive assez pratiquante, cette étudiante en marketing du luxe sait très bien ce que sont les « nudes » et elle en a déjà envoyé à de multiples reprises, principalement à des petits amis, même si, au détour d'une phrase, je comprends qu'il lui est déjà arrivé d'en envoyer à des flirts. Découvrant

---

nue, montre son corps avec l'intention de susciter un désir ou d'établir une forme de communication intime.

le sexe à 17 ans avec un garçon rencontré sur Instagram, c'est aussi à cet âge qu'elle se lance dans cette pratique qu'elle normalise complètement. « *Dans un couple, c'est certain qu'envoyer des "nudes" est inévitable,* dit-elle. *Beaucoup de garçons prennent ça pour des cadeaux. Je ne dis pas que c'est un passage obligé, mais presque. Aujourd'hui, c'est quelque chose de normal. Tout le monde fait des "nudes" et ceux qui disent qu'ils ne le font pas mentent !* » Pour autant, elle le dit haut et fort : personne ne l'a jamais forcée à faire quoi que ce soit.

Le réseau social Snapchat est sans doute le plus prisé parmi celles et ceux qui ont recours à ces pratiques. Une fonctionnalité intéresse en premier lieu : les messages « snap », qui s'effacent automatiquement dix secondes après avoir été vus par le destinataire. Mais l'application n'empêche pas de faire des captures d'écran, ce dont l'expéditeur sera toutefois averti si les règles d'utilisation ne sont pas contournées grâce à quelques stratagèmes. Certains s'autorisent donc mutuellement à conserver ces clichés. « *De cette façon, je sais que moi aussi j'ai quelque chose contre la personne* », glisse un des garçons homosexuels interrogés. La pratique est également largement banalisée parmis ces profils.

En revanche, au sein des couples hétérosexuels, les « nudes » sont souvent à sens unique, et envoyés majoritairement de la part des filles. Certaines, cependant, reçoivent sur leurs réseaux sociaux des « dickpics » (photos des parties génitales masculines) sans les avoir toujours sollicitées. De leur côté, pour convaincre les filles d'accepter de se dévoiler de la sorte, les garçons invoquent souvent une distance physique prolongée ou un manque d'opportunités pour passer des moments ensemble. Une adolescente qui envoie des photos intimes espère ainsi maintenir l'attention de son flirt, persuadée que la sexualité est sa seule carte à jouer. Bien que beaucoup soient conscientes des risques encourus, la pratique nc perd pas en popularité dans les couples, où les filles se pensent souvent à l'abri de toutes représailles.

Le « revenge porn », l'enfer en pixels des adolescentes

Le « revenge porn » est pourtant la première violence qui découle de ces nouveaux codes relationnels. Cette pratique consiste à publier sur Internet des photos intimes d'une personne sans son consentement. Elle est passible de deux ans de prison et de 60 000 euros d'amende. Parmi les 50 jeunes que j'ai rencontrés, deux jeunes femmes ont été victimes de cette pratique, ce qui est peu et beaucoup à la fois ; quoi qu'il en soit, l'expérience est toujours profondément traumatisante pour elles. En revanche, comme mentionné précédemment, les « nudes » sont pratiqués par une écrasante majorité de celles et ceux que j'ai interrogés, qui considèrent cette pratique comme « banale ».

Clémence, qui témoigne sous un nom d'emprunt, a 24 ans quand je la rencontre sur la Grand'Place de

Lille, un froid matin d'octobre. La sexualité lui a toujours paru anxiogène pendant sa scolarité, en raison notamment d'une mauvaise expérience en classe de seconde. Alors qu'elle était encore vierge, la lycéenne de 15 ans a été victime de « revenge porn » de la part d'un camarade de son lycée d'Amiens, dans le nord de la France. Un événement excessivement traumatisant qui a bouleversé sa manière d'appréhender la sexualité. Jusqu'à cet événement charnière, elle s'était toujours montrée « prudente » dans ses relations. Mais il suffira d'une photo envoyée à un garçon de sa classe pour que tout dérape.

La mésaventure de cette jeune fille de la classe populaire a commencé, comme pour beaucoup d'autres avant elle, sur Snapchat. Pendant plusieurs semaines, un échange épistolaire 2.0 s'est ainsi mis en place avec un camarade de classe qu'elle considérait comme un « ami » et avec lequel elle assure qu'il ne s'était jamais rien passé avant. À l'époque, elle était en couple avec un autre garçon scolarisé dans son établissement. « *Plus la conversation avançait, plus il me demandait des choses, notamment des photos dénudées* », raconte-t-elle. Elle ajoute : « *Je ne comprenais pas pourquoi il me demandait ça. Il me disait : "C'est pour me faire plaisir"...* » Elle a hésité un moment, ne saisissant pas bien l'intention de sa demande, avant de céder finalement, par crainte de décevoir et « *sans envie aucune* », confie-t-elle, amère.

En tout cas, très vite, elle a fini par se retrouver à poser en sous-vêtements devant la caméra de son téléphone dans sa chambre d'ado. « *Je ne sais plus si j'ai fait des photos seins nus…* », détaille-t-elle. Encore confuse, Clémence dit comme beaucoup d'autres qu'elle ne pensait pas aux conséquences négatives que cela pourrait avoir. « *Je crois que j'ai fait ça pour avoir sa validation. Même si avec du recul, je me dis que c'était complètement ridicule* », souffle-t-elle. Entre-temps, celui qui disait être son « ami » envoie les photos à tous ses camarades. « *Mon copain de l'époque a tout reçu, lui aussi* », ajoute-t-elle.

Sur les clichés qui ont circulé, le visage de Clémence est caché, mais le grain de beauté sur son menton l'a trahie. Tout son lycée a fini par la reconnaître. « *J'étais prise de panique, comme si c'était moi qui avais fait quelque chose de mal ! Je mentais à tout le monde en disant que ce n'était pas moi sur la photo. Mais c'était trop tard. Cette période de ma vie a été une véritable descente aux enfers* », relate-t-elle. D'autant que son petit ami de l'époque a finalement décidé, à son tour, de se venger. « *Pour que je me fasse pardonner, il m'a demandé de lui faire une fellation pour me racheter* », me dit-elle, un peu honteuse. Alors persuadée d'avoir fait quelque chose de grave, elle ne remet pas en question ce chantage affectif et s'exécute sans se rebeller. Preuve que dans les jeunes couples adolescents, la domination masculine est encore largement normalisée.

Ne supportant plus la violence des insultes qui fusaient dans la cour du lycée, la jeune fille a fini par ne plus venir en cours pendant un semestre entier.

Enfermée dans la honte et la culpabilité, elle s'est progressivement repliée sur son mal-être et n'a pas osé en parler à ses parents, qui ne se doutaient pas une seconde du drame qu'elle traversait. Chaque matin, son père la déposait devant le lycée, mais sitôt après son départ elle partait se promener dans le centre-ville au lieu d'aller en cours, échappant ainsi aux moqueries de ses camarades. « *Je n'étais présente au lycée que pour les évaluations. Finalement, j'ai réussi à dissimuler la vérité à mes parents. Il y a juste une semaine pendant laquelle j'ai prétendu être malade* », relate-t-elle. Pendant six mois, ni sa famille ni son établissement ne s'apercevront de rien. « *Heureusement pour moi…* », conclut-elle.

Les faits de « revenge porn » surviennent souvent au moment où le couple que les adolescentes peuvent former, généralement avec un garçon, cesse de les protéger. Au cours des entretiens, garçons et filles ont souvent raconté des anecdotes marquantes sur des « nudes » de filles diffusés à leur insu dans des boucles de messagerie, après une rupture qui tourne mal ou bien lorsqu'un garçon est finalement éconduit. Cette cyberviolence fait désormais partie de l'arsenal de destruction et d'humiliation des jeunes filles. Mais derrière ce phénomène nouveau, ce sont les éternels rapports de pouvoir et de domination envers les femmes qui se dessinent.

Un sondage mené par l'Ifop [1] en 2023 s'est penché sur le comportement des jeunes à l'égard de leurs

1. Étude réalisée du 22 au 26 octobre 2023 par l'Ifop pour Lemonde.fr par questionnaire autoadministré auprès d'un

« ex » sur les réseaux sociaux. Les résultats montraient, entre autres, que plus d'un tiers des garçons interrogés reconnaissaient avoir déjà envoyé des photos intimes de leur ancienne petite amie à d'autres personnes, alors que pour les jeunes femmes, cette proportion n'était que de 14 %. Ce viol d'intimité est d'autant plus violent que la victime est toujours culpabilisée, considérée en partie responsable de son geste, et punie socialement pour cela. Dans la plupart des cas qui m'ont été rapportés, ces cyberviolences échappent au contrôle des parents et des établissements, laissant souvent les victimes seules face au poison de la « mauvaise réputation ». Le harcèlement subi dans l'enceinte scolaire est parfois si violent qu'un changement d'établissement s'impose pour elles.

De l'autre côté du miroir, des corps d'ados hypersexualisés

L'oppression sur le corps des jeunes filles s'accentue avec le numérique à tous les niveaux. Aujourd'hui, les jeunes femmes qui s'aventurent dans une vie affective et sexuelle sont souvent pétrifiées à l'idée de ne pas être le fantasme espéré. Taille de guêpe, fesses rebondies, gros seins et pubis épilé semblent résumer l'idéal unanimement partagé, forgé par les influenceuses mais aussi la pornographie. « *Je n'avais pas envie qu'on voie*

échantillon de 990 personnes, représentatif de la population française âgée de 15 à 34 ans.

mon corps dont je n'assumais pas les formes... L'épilation me stressait, je me demandais si j'allais être suffisamment épilée », confie une jeune femme de 21 ans rencontrée pour ce livre. Cette angoisse, je l'ai entendue à de multiples reprises au moment d'aborder les premières fois des jeunes filles. En grandissant, leur « valeur » passe inévitablement par leur sexualisation, même si elle peut leur être paradoxalement reprochée.

L'injonction sur les corps féminins n'est pas nouvelle, mais elle semble s'être renforcée avec l'usage permanent des portables. Avec les réseaux sociaux, les adolescentes évoluent en étant constamment exposées à des corps retouchés et filtrés numériquement, voire parfois modifiés par la chirurgie esthétique, les incitant à se comparer, parfois jusqu'à la détestation. Aujourd'hui, une adolescente ne regarde plus son nombril dans le miroir de sa chambre, mais se mesure aux corps irréels qui défilent sur Instagram et TikTok, nourrissant une vision déformée du corps idéal. En parallèle, elles ont toutes parfaitement conscience que ce sont ces mêmes types de photos que les garçons apprécient. Ces mêmes garçons qui, par la suite, leur demandent de reproduire ces clichés pour leur plaisir personnel. Toutes ces injonctions vibrent dans leur poche toute la journée...

L'hypersexualisation de leurs corps en puberté revient sans cesse dans les témoignages féminins. Avec du recul, certaines analysent avec beaucoup de maturité cette fétichisation de leur apparence. « *Des copines s'amusaient à m'habiller de manière provocante pour que les garçons me regardent* », confie l'une d'entre elles, âgée de 20 ans. Elle ajoute : « *Je me souviens qu'elles m'encourageaient à mettre un pantalon parce qu'il était supposé mettre en valeur mes fesses.* » En salle de classe, certaines se glorifient d'attirer les regards, ce qui semble leur donner une « valeur » dans le regard de leurs camarades. Chaque regard masculin leur apparaît à cette période comme une validation de plus.

Ni pute, ni coincée : les injonctions contradictoires

La perception de la sexualité féminine est toujours régie par certains paradoxes, peu importe d'où viennent tous ces jeunes que je rencontre. Que ce soit dans les beaux quartiers ou les cités, le sexisme qui frappe les jeunes filles est identique, voire constant. Celles qui couchent restent les éternelles « filles faciles » que l'on va juger et décrier pour cette seule raison.

Face à ce constat amer, les jeunes filles en viennent parfois à se détourner complètement des rapports de séduction pendant leur scolarité. C'est le cas de Giulia (le prénom a été modifié), une apprentie fleuriste de 19 ans. Je fais sa connaissance dans le square de la place des Vosges, à Paris. La jeune femme élancée à la longue chevelure brune et perchée sur ses talons hauts incarne une féminité assumée. Deux traits d'eye-liner viennent souligner son regard sombre. Mais malgré son physique avantageux, elle a très tôt décidé de s'interdire tout rapprochement avec le sexe opposé. « *Une fille qui sort facilement avec les garçons sera forcément catégorisée*, dit-elle, l'air convaincue. *À partir du moment où tu as un petit copain ou que tu embrasses un garçon en soirée, tu es vite traitée de pute, parce que le sexe est perçu comme quelque chose de mal quand il s'agit d'une fille.* »

Ce choix va aussi, paradoxalement, amener Giulia à être moquée pour sa supposée froideur. Au collège, elle est montrée du doigt au sein de son groupe d'amis, dans lequel elle est désignée comme « la vierge de service ». Une expression qui est en réalité un dérivé de la figure de la « sainte-nitouche ». Mais en rentrant au lycée, après avoir refusé plusieurs fois de se mettre en couple, elle change subitement de « réputation ». « *Quand tu es jolie et que tu refuses de sortir avec des garçons, ils te traitent de pute et font circuler des rumeurs à ton propos. Si une fille a trop de partenaires, c'est une pute. Si une fille est toujours vierge à 18 ans, elle est lesbienne… Cela finit toujours par nous retomber dessus* », déplore Giulia. Dans son cas, le harcèlement n'a pas tardé à faire son apparition. Par esprit de vengeance, certains garçons sont allés jusqu'à créer des groupes à son nom sur les réseaux sociaux pour l'insulter. Une volonté délibérée de salir son image pour l'unique raison qu'elle se refusait à eux. En raison de ces rapports tendus avec la gent masculine, Giulia a attendu d'avoir 18 ans pour faire l'amour avec un garçon, devenu depuis son compagnon et avec lequel elle est toujours en couple à l'heure actuelle.

La première fois, une expérience normée et douloureuse

La première expérience sexuelle d'une « fille respectable » devrait en réalité, selon les codes toujours en vigueur à l'adolescence, uniquement avoir lieu dans le contexte du couple. En clair, la sexualité n'est permise aux filles que dans ce cadre bien précis. La pureté des jeunes filles reste ainsi un idéal jusqu'au sortir de l'adolescence et la pression de choisir « le bon » s'accentue à mesure qu'elles grandissent, à l'inverse des garçons qui, en fidèles héritiers des générations précédentes, conservent toute leur liberté sur cette première expérience affective. Nombreuses sont celles qui ont donc respecté ces étapes à la lettre, par peur d'écoper de la sempiternelle « mauvaise réputation », qui veut que la fille soit constamment jugée pour sa sexualité supposée.

En revenant sur ses années d'adolescence, une jeune femme de 23 ans raconte comment elle était alors convaincue qu'une première fois devait toujours avoir lieu avec un petit ami « officiel ». « *Quand j'étais adolescente, j'avais cette mentalité qui voulait que si je couchais avec un garçon, ce serait forcément mon copain. J'avais bien compris que les filles qui couchaient ou suçaient n'importe qui étaient considérées comme des "putes" au lycée* », indique-t-elle. Même en couple, il s'agit ensuite de faire patienter le garçon plusieurs mois avant de finalement céder, quand elles estiment avoir suffisamment attendu. Dans les témoignages féminins, la première fois est rarement décrite comme un moment agréable. Un seul point positif est mentionné presque chaque fois : elles étaient enfin débarrassées de leur virginité tout en restant des « filles bien ».

Le moment de la première fois est encore plus périlleux pour les filles qui ont baigné dans la religion depuis leur plus tendre enfance. Je remarque que celles qui ont grandi dans une culture arabo-musulmane sont en grande majorité sommées – au moins implicitement – d'arriver vierges à leur mariage. Au sein de la génération Z, les jeunes femmes concernées sont comme écartelées entre toutes ces injonctions contradictoires. Face à cette réalité, il y a celles qui continuent de se soumettre aux règles des générations précédentes en restant vierges et celles qui contournent les règles plus ou moins consciemment, par désir de vouloir faire comme leurs autres copines.

Yasmine, 22 ans, a ainsi vécu une grande partie de son enfance et de son adolescence dans la campagne, en Bourgogne, où elle était la seule enfant de confession musulmane de son école. Évitant pendant longtemps toute relation avec les garçons, cette jeune femme d'origine turque, aujourd'hui étudiante en école de commerce, s'est d'abord convaincue qu'elle respecterait les traditions transmises par son père électricien et sa mère gérante d'auto-école. « *J'ai eu mon premier "vrai copain" en classe de seconde*, précise-t-elle. *Je cherchais à me marier le plus vite possible. J'ai donc choisi le profil idéal pour mes parents, à savoir un garçon protecteur mais surtout, un Turc musulman !* » Encore une fois, ces relations amoureuses ne peuvent exister que dans la mesure où elles donneront lieu par la suite à un mariage. Bien que la décision de se mettre en couple vienne de Yasmine, elle n'a éprouvé aucun sentiment pour ce garçon, que sa famille a pourtant accueilli comme l'un des siens.

La jeune femme aux yeux clairs et aux cheveux longs me raconte alors une relation qui prend son temps : le premier baiser est survenu après six mois, et la première relation sexuelle après deux ans. Empêtrée dans une histoire qui n'éveille pas chez elle l'excitation escomptée, Yasmine se désespère à l'époque de pouvoir vivre un jour l'amour, le vrai. « *Je ne tombais pas amoureuse et je commençais vraiment à perdre foi en l'amour*, confie-t-elle. *Je pensais même que je ne trouverais pas mieux que ce garçon avec lequel je m'ennuyais.* » Elle finit même par remettre en question ses désirs de mariage. Or, en parallèle, elle entend les bavardages de ses copines au lycée qui ont toutes goûté au « fruit défendu » et se vantent d'être enfin devenues des « femmes ». « *Elles étaient toutes en couple, et parlaient de leurs relations à longueur de journée. Bêtement, j'ai voulu faire comme elles* », explique la jeune femme, pleine de regrets.

À 18 ans, elle décide donc de se délester de cet hymen qui revêt tant d'importance aux yeux de sa famille. Elle a sa première relation sexuelle avec ce petit ami pour qui elle n'éprouve rien. Une première fois maladroite et douloureuse, se remémore-t-elle, comme pour tant d'autres. Elle finira par quitter ce garçon, alors que lui est alors convaincu qu'il est désormais temps de se marier. Elle ne parviendra à se détacher de cette première désillusion que des années plus tard.

Finalement, c'est sans doute la grande différence entre les jeunes femmes de la Gén Z et leurs mères et grands-mères… Bien que ces dernières aient connu la même pression lors de leur découverte de l'amour et de la sexualité, celle-ci était moins forte en l'absence des réseaux sociaux, et surtout, elles ne trouvaient rien à remettre en cause à l'époque. Les filles d'aujourd'hui, elles, se rebellent et critiquent cette tendance à réduire leur identité à leur corps et leur sexualité.

Chapitre 4

Consentement et division

« Consentement » : le mot est sur toutes les lèvres. Au moment de me faire le récit de leur vie sexuelle, toutes les jeunes filles en viennent toujours à cette nouvelle clé de lecture de l'intime. Vivre leur puberté au moment de la nouvelle révolution féministe née du mouvement #MeToo semble avoir bouleversé leur regard sur leurs premiers rapports sexuels. Alors que la « première fois » est, par nature, un moment délicat, tiraillé entre la pression des sentiments et l'ardeur des corps, toutes les jeunes femmes que j'ai interrogées ont évoqué cette étape de leur vie affective en dénonçant sa violence.

Comment en est-on arrivé à un tel changement de paradigme ? Comment l'entrée dans la vie sexuelle de la génération Z en est-elle venue aujourd'hui à être si différente de celle qu'ont vécue leurs parents ? Pourquoi tant d'appréhension et de gravité ? En 2017, personne n'aurait pu croire que la révélation, par deux journalistes du *New York Times*, de l'affaire Weinstein, du nom de ce puissant producteur d'Hollywood accusé d'avoir abusé de dizaines de femmes pendant plusieurs décennies, aurait encore une incidence, des années plus tard, sur la façon dont une génération entière vivrait sa sexualité.

De #MeToo à Mazan, la nouvelle préoccupation du consentement

Sept ans après l'apparition du mouvement #MeToo, cette même génération s'est sentie interpellée par le procès de Mazan, où 51 hommes comparaissaient de septembre à décembre 2024 devant la cour criminelle du Vaucluse pour avoir violé Gisèle Pelicot, 72 ans, droguée à son insu par son mari. Une sordide affaire de soumission chimique qui s'étale sur une dizaine d'années et dont le principal accusé, Dominique Pelicot, le mari de la victime, a finalement été condamné à vingt ans de réclusion criminelle. Lors de ma venue au tribunal d'Avignon, où j'ai couvert le procès durant une semaine pour *ELLE Magazine*, je me suis astreinte à raconter quotidiennement les journées d'audience à mes abonnés sur mon compte Instagram. Parmi les participants à mon enquête qui me suivaient sur les réseaux sociaux, certains m'ont sollicitée pour mieux comprendre les ressorts de cette affaire, où la question du consentement, qui semble remuer tant de choses en eux, a été centrale dans les débats. Une jeune femme s'est même rendue au tribunal d'Avignon pour assister à une partie du procès.

Entre #MeToo et Mazan, plusieurs témoignages et livres ont fait leur œuvre. Parmi les voix importantes qui se sont élevées ces dernières années, il y a notamment celle de Vanessa Springora, écrivaine et éditrice française, qui a publié *Le Consentement*, un récit autobiographique dans lequel elle raconte sa relation abusive avec l'écrivain Gabriel Matzneff, quand elle n'avait que 14 ans. Son livre a beaucoup contribué à faire entrer le mot « consentement » dans le langage courant. Les réseaux sociaux ont pris le relais et la génération Z s'est montrée particulièrement réceptive.

En dépit d'un engagement plus timide que chez les jeunes femmes, une partie des garçons hétérosexuels avec lesquels je me suis entretenue revendiquent aussi une sexualité non violente guidée par le consentement. D'après un rapport du Haut Conseil à l'Égalité entre les femmes et les hommes publié en 2022, parmi les répondants âgés entre 17 et 19 ans, plus de 6 jeunes sur 10 se disent « féministes », tous genres confondus. Au cours de mes entretiens, j'ai rencontré beaucoup de jeunes hommes qui avaient une vision positive du féminisme, et qui ont revisité leur vie sexuelle à la lumière de cette nouvelle grille de lecture du consentement. « *Je pense que tout le monde a déjà flirté avec les limites… Il m'est déjà arrivé plusieurs fois d'insister pour avoir une relation sexuelle avec ma copine* », avoue l'un d'entre eux, visiblement pris de remords. Ceux qui acceptent l'héritage de la lutte contre les violences sexuelles affirment qu'une meilleure sensibilisation les aurait sans doute aidés à mieux comprendre les enjeux de consentement à l'œuvre derrière toute relation sexuelle.

Gabriel, 22 ans, originaire de Roubaix, a beaucoup réfléchi à ses comportements passés avec les filles. En tenue de service, ce jeune sommelier de la classe populaire m'accueille avec une gouaille désinvolte sur son lieu de travail et n'hésite pas d'emblée à préciser qu'il a eu de nombreuses relations sexuelles. Dans son parcours, sa prise de conscience sur ce sujet a eu lieu sur les réseaux sociaux grâce à une simple publication, dit-il. « *Un jour, j'ai eu le déclic en voyant un post Instagram qui disait : "Un non est un non." Je n'avais jamais pensé à la chose de cette façon* », annonce-t-il.

Après cette découverte fortuite, il en a beaucoup parlé autour de lui avec ses amis garçons qui partagent également sa culpabilité à l'idée de n'avoir pas toujours respecté le consentement de leurs copines. Gabriel aussi l'avoue sans mal : il lui est déjà arrivé de continuer à caresser alors qu'on lui avait dit « non », il lui est déjà arrivé même d'avoir un rapport sexuel alors qu'on lui avait dit « non ». « *Après coup, je me suis demandé si je n'avais pas déjà commis un viol conjugal sur mon ex, par exemple. Plein de fois, cette idée m'a traversé la tête : et si j'avais violé ma copine ?* » relate-t-il. Ce questionnement l'a tellement hanté qu'il a demandé explicitement à son ancienne petite-amie si elle s'était déjà sentie forcée lors d'un rapport sexuel. La réponse a beau avoir été négative, le jeune homme continue de se demander si elle n'a pas dit cela pour le rassurer.

La libération des jeunes filles

Bien que plus consciente des stéréotypes de genre et des risques de violences sexuelles, la génération Z n'en demeure pas moins régulièrement victime, comme les générations qui l'ont précédée. Sur les 50 jeunes que j'ai interrogés, seize, dont onze filles et cinq garçons, m'ont affirmé avoir été victimes de violences sexuelles au cours de leur vie, ce qui représente 32 % de mon échantillon. Ce chiffre témoigne d'une parole qui se libère différemment : les filles osent évoquer les violences subies dès les premières minutes d'entretien, tandis que les garçons, eux, peinent davantage à le faire. Que ce soit pour les hétérosexuels ou les homosexuels, il reste souvent difficile pour eux d'énoncer ces abus, sans doute en raison de la position « dominante » qu'ils croient devoir occuper socialement en tant qu'hommes. Pourtant, au fil de la conversation, cette vérité finit par se faire entendre. « *Bien sûr, il m'est arrivé plus d'une fois d'avoir des relations sans mon consentement. Mais le mot "viol" est difficile à prononcer* », glisse un jeune homme gay d'un ton pudique.

Mais qu'entendent-ils réellement par le terme de « violences sexuelles » ? En tout, trois personnes ont dénoncé des faits de viol ou d'attouchements survenus durant leur enfance ou leur adolescence, tantôt de la part d'un adulte de leur famille, tantôt de la part d'un jeune plus âgé qu'eux et appartenant également à leur cercle intime. Les autres, dans leur écrasante majorité, ont plutôt évoqué des relations sexuelles non consenties au sein de couples formés avec des jeunes de leur âge, ou bien des situations survenues lors de soirées alcoolisées, où ils se sont sentis forcés à un rapport sexuel avec une personne qu'ils connaissaient à peine sans pouvoir s'y opposer. « *J'ai dit non deux fois, il l'a fait quand même* », affirme une jeune femme de 21 ans, la voix encore marquée par l'émotion, évoquant le cunnilingus que lui a imposé son premier copain alors qu'elle était encore vierge. « *Je n'avais pas envie que cela se passe…* », glisse une autre sur sa première fois avec son petit ami. À ma connaissance, seulement deux jeunes femmes ont porté plainte pour les faits dénoncés, dont une a été classée sans suite et l'autre est toujours en attente d'instruction.

En se forgeant une conscience qu'ils considèrent comme féministe grâce aux réseaux sociaux, une grande partie de ces jeunes posent plus facilement les mots sur ce qui relève du harcèlement, de l'agression sexuelle ou du viol, là où leurs aînés seraient sans doute restés mutiques. « *Comme je m'étais beaucoup informée sur le sujet via des comptes féministes sur Instagram, je savais parfaitement ce que disait la législation, et j'avais bien conscience que ce que j'avais vécu, c'était un viol* », lance une fille de 20 ans, l'air tranquille. Même si tous ne connaissent pas sur le bout des doigts la définition pénale de chaque cas de violence sexuelle, aucun n'a mis au même niveau une main aux fesses et un viol, par exemple. Les termes sont posés clairement : des caresses sans consentement et une pénétration sans consentement sont bel et bien différenciées, mais les deux sont toutefois explicitement mentionnés et dénoncés comme une violence.

Ce virage générationnel dans la compréhension des violences sexuelles se manifeste parfois de manière violente, comme pour cette jeune femme de 20 ans qui explique avoir relaté le viol dont elle a été victime à sa psychologue. La thérapeute lui avait alors répondu que ce n'était pas un viol, mais une agression, sous prétexte que la pénétration était digitale. « *C'était hyper violent d'entendre ça et cela m'a fait douter* », glisse l'intéressée. Pour rappel, la loi française qualifie de viol tout « acte de pénétration sexuelle, de quelque nature qu'elle soit, commis sur la personne d'autrui, par violence, contrainte, menace ou surprise ». Contre toute attente, ces jeunes femmes sont très au clair avec toutes ces notions, trouvant parfois la loi insuffisante et espérant un jour la voir évoluer.

Si cette volonté de placer la notion de consentement en tant que tel au cœur des interactions sexuelles concerne particulièrement les profils les plus « éduqués », l'importance du consentement semble traverser toute une génération, de la bourgeoisie parisienne aux classes populaires, notamment chez les jeunes femmes. Les unes et les autres n'expriment pas toutes ce questionnement de la même manière, mais elles n'ont plus de mal à dénoncer les comportements inappropriés. Plus aucune jeune femme n'a de mal à dire : « *Je n'étais pas consentante.* »

Première fois, premier viol

Le jour où #MeToo éclate, Jeanne a ainsi ressenti un immense soulagement. « *Je n'étais plus seule. Enfin !* »

s'exclame-t-elle lors de notre rencontre dans un café de Belleville, à Paris. Elle témoigne sous couvert d'anonymat. À 23 ans, cette jeune femme brune arbore une frange droite, un teint pâle et un grand sourire. Mais derrière cette façade solide se cache une colère sourde : adolescente, Jeanne a subi un viol. Avant le mois d'octobre 2017, la jeune fille originaire d'Alençon en Normandie n'avait encore jamais prononcé le mot « viol » pour parler de ce qui lui était arrivé. C'est la nouvelle génération féministe qui a émergé sur Internet qui le lui a permis, estime-t-elle.

Toute son adolescence, elle s'est tenue éloignée des garçons. Élevée dans une famille de classe populaire très pudique sur la question, elle n'a pas entendu parler de sexualité de la bouche de ses parents, tous deux secrétaires de profession, avant l'âge de 20 ans. « *Autant dire que c'était trop tard !* » s'exclame Jeanne, l'air pensive. Mais un matin d'avril 2016, à l'aube de ses 16 ans, elle s'est réveillée l'esprit embrumé après une fête, avec une sensation de nausée dans la gorge. La veille, elle avait été invitée à une soirée chez un camarade, à qui sa mère avait laissé la maison libre pour le week-end. L'adolescente avait donc dormi sur place, avec l'autorisation de ses parents. « *Qu'est-ce qui vient de se passer ?* » s'est-elle demandé en fixant son reflet dans le miroir de la salle de bains. Dans la nuit, un bouton de fièvre était apparu sur sa lèvre. « *C'était comme si mon corps parlait* », analyse-t-elle aujourd'hui. Les événements lui sont revenus par flashs.

Ce soir-là, Jeanne a bu plus que de raison pour oublier ses complexes de petite fille sage. « *Je dansais et faisais des câlins à tout le monde. Mais pour moi, cela ne voulait strictement rien dire* », explique-t-elle. Elle faisait alors partie de celles que les garçons considéraient comme les éternelles « bonnes copines ». Elle était encore vierge. « *Jamais je n'avais senti les mains d'un garçon sur moi* », raconte-t-elle. Mais à un moment, l'hôte de la soirée, un jeune homme âgé de 16 ans comme elle, lui a proposé de « s'isoler » dans une des chambres de la maison pour lui faire un massage. Flattée, l'adolescente a accepté, sans imaginer ses attentes sexuelles. Rapidement, les choses ont dérapé. Les mains se sont rapprochées de son sexe. Plusieurs fois, Jeanne a bien tenté de resserrer les jambes pour échapper aux doigts qui s'introduisaient en elle. Dans la même chambre, d'autres jeunes dormaient à poings fermés. Mais bouche cousue, pétrifiée, elle n'a rien osé dire, et elle a fait mine de s'endormir, restant allongée sur le ventre, face contre terre, toute la nuit. Celui qu'elle considère comme son bourreau ne quittera la pièce qu'au petit matin.

L'état de sidération que décrit Jeanne constitue une réaction classique des victimes de violences sexuelles : selon une étude de l'institut suédois Karolinska publiée en 2017, elles sont 70 % à expliquer avoir été totalement paralysées face à leur agresseur. Sur ce viol, Jeanne a d'ailleurs d'abord gardé le silence : « *Nous étions en 2016. #MeToo n'avait pas encore eu lieu* », lâche-t-elle. C'est seulement quelques mois plus tard qu'elle a décidé de se confier à sa meilleure amie, puis à son groupe d'amis. Sa prise de parole ne sera pas entendue par tous. La révélation a notamment gâché son amitié avec un garçon très proche de son agresseur qui a refusé alors de condamner son ami *a priori*.

Encore choquée par cette expérience des années plus tard, la jeune femme estime aujourd'hui que cet événement a bouleversé sa vie sexuelle. Un témoignage qui ressemble à celui de beaucoup d'autres jeunes femmes que j'ai pu rencontrer au cours de cette enquête et qui racontent souvent des premiers rapports sexuels non consentis. Même si le terme de « viol » n'est pas systématiquement employé, elles sont nombreuses à dénoncer des « premières fois » où elles ont eu le sentiment que leur consentement n'avait pas été respecté.

Dans les cabinets d'avocats, la valse des parents paniqués

Le scénario de la soirée entre jeunes un peu trop arrosée qui tourne mal est un classique. Une histoire tristement banale. Tous les lundis, l'avocate pénaliste Anne Bouillon sait pertinemment que sa journée de travail sera jalonnée de récits de la sorte. Le calme qui règne encore dans son cabinet nantais le matin à 9 heures, où seul le cliquetis des claviers trouble le silence, laisse vite place à la valse des parents paniqués. Les plaintes pour viols déposées par de très jeunes femmes sont presque devenues une routine dans sa pratique professionnelle. Il faut dire que le nom de cette avocate féministe circule beaucoup parmi les victimes et leurs proches depuis l'éclatement du mouvement #MeToo.

Le point de départ de ces dossiers qui s'accumulent est toujours sensiblement le même : une jeune fille déboussolée, visiblement anxieuse, pousse la porte de son bureau accompagnée de ses parents après une soirée qui a viré au drame au cours du week-end. Quelques heures plus tôt, les parents ont porté plainte. Ils viennent alors demander à la pénaliste d'assurer la défense de leur progéniture. Ne laissant rien transparaître, Anne Bouillon écoute toujours ces jeunes femmes attentivement et jusqu'au bout, sans jamais les juger. « *Je n'ai pas dit oui, et cela s'est passé quand même* », répètent généralement en chœur ces jeunes femmes.

Toutes ces jeunes clientes auraient voulu que leur consentement soit expressément recueilli. Mais leur façon d'exprimer leur refus ne va pas forcément de soi pour les garçons qu'elles ont eus en face d'elles, car pour elles, un silence vaut un « non ». Cette règle qu'on pourrait résumer par cette idée que « seul un oui est un oui » n'est pas forcément bien comprise par les partisans de la culture du consentement implicite, pour qui le silence ou l'absence de résistance peuvent être perçus comme un consentement tacite. En 2022, l'Espagne a été un des rares pays européens à introduire l'obligation du consentement explicite dans les relations sexuelles avec un texte de loi qui s'intitule justement « Solo sí es sí » (« Seul un oui est un oui »).

La pile de dossiers qui trône sur le bureau d'Anne Bouillon recèle de centaines d'histoires qui incarnent toutes cette nouvelle compréhension des violences sexuelles et mettent sérieusement au défi la justice française. « *Je me souviens d'une jeune fille qui était à moitié consciente au moment de l'acte sexuel… Le type lui a enlevé les collants. Mais comme elle ne disait pas "non", il a continué à la déshabiller jusqu'à lui mettre son doigt dans le vagin* », raconte l'avocate pour contextualiser. En l'occurrence, tous les témoins de cette affaire étaient en mesure d'affirmer que la jeune femme était encore capable de parler et de tenir debout, malgré son état d'ivresse. Le garçon qu'elle accusait de l'avoir violée s'est défendu en ces termes : « *On s'est cherchés toute la soirée ! Moi, je n'avais pas de raison de croire qu'elle ne voulait pas avoir de relation sexuelle avec moi.* » Une explication qui lui permettra d'éviter de passer aux assises, comme tant d'autres avant lui. Bien que le viol constitue un crime, moins de 1 % des viols aboutissent à une condamnation en France pour 84 000 victimes de violences sexuelles signalées auprès des services de sécurité en 2023. « *Quand l'auteur des faits affirme qu'il ne pouvait pas comprendre que la plaignante n'était pas d'accord, alors l'infraction n'est pas caractérisée* », conclut Anne Bouillon, catégorique.

La « zone grise » du consentement au défi de la loi

Nous mettons ici les pieds dans la fameuse « zone grise » du consentement. Autant de moments troubles, dans des circonstances tout aussi troubles, où le consentement n'a ni été clairement donné, ni clairement refusé, et a peut-être été influencé par la pression sociale, l'alcool, la drogue, le manque de communication explicite ou une situation de pouvoir déséquilibrée. Or un autre problème surgit parfois dans ces contextes perturbés : la pratique du « stealthing », qui consiste à retirer le préservatif sans le consentement de la partenaire. En tout, 58 % des jeunes femmes ayant des rapports hétéros m'ont fait part de leur « incroyable difficulté à imposer le préservatif » dans leurs rapports sexuels, même avec des partenaires qu'elles venaient à peine de rencontrer. « *J'ai eu des relations avec beaucoup de garçons qui me manquaient de respect en me pénétrant sans même me prévenir. À croire qu'ils se fichent de savoir si je prends la pilule ou pas. Beaucoup de mes amies n'arrivent toujours pas à imposer le préservatif : c'est un combat qu'elles sont en train de mener actuellement…* », dit l'une d'entre elles.

Entre les quatre murs de son bureau, Anne Bouillon écoute attentivement les drames intimes de ces jeunes filles qui n'étaient pas aussi nombreuses à franchir la porte de son cabinet auparavant, même si ces incompréhensions ne datent pas d'hier. « *Les soirées qui tournent mal ont toujours existé*, rappelle-t-elle. *Nous n'assistons pas à une explosion des agressions sexuelles et des viols. La seule différence aujourd'hui, c'est que ces filles osent parler à leurs parents et entre elles* », analyse-t-elle. Indéniablement, il y a eu un avant et un après #MeToo dans les cabinets d'avocats.

Le moment de dire dans les yeux que ce qui a été vécu si douloureusement n'est toutefois pas un viol aux yeux de la loi est sans doute le moment le plus redouté par l'avocate. L'absence de consentement ne faisant pas partie de la définition du viol dans le Code pénal, un acte sexuel non consenti ne peut être qualifié comme tel. Dans le droit français, il existe en effet une présomption de consentement à l'acte sexuel qui est renversé uniquement en cas de violence, contrainte, menace ou surprise. « *Toutes ces jeunes femmes tombent de leur chaise quand je leur dis cela !* » lance Anne Bouillon. « Classée sans suite » : trois mots qui signifient qu'aucun procès n'aura lieu et qui reviennent extrêmement souvent dans ces procédures pour cette unique raison. « *La codification du viol ou des agressions sexuelles n'est pas en cohérence avec la conscience aiguë que toutes ces jeunes femmes ont du consentement* », déplore la pénaliste. Avant d'ajouter : « *Mais je finis toujours par leur dire qu'elles ont bien fait de parler et qu'elles ont été très courageuses de le faire.* »

Le débat autour de l'introduction de la notion de consentement dans la définition juridique du viol pose question au sein du monde judiciaire comme parmi les associations féministes. En avril 2025, une proposition de loi transpartisane visant à intégrer l'absence de consentement de la victime dans la définition pénale du viol a été adoptée par l'Assemblée nationale. Au moment où j'écris ces lignes, le texte doit encore être examiné par le Sénat. Anne Bouillon adopte, elle, une position nuancée dans ce débat. « *Le droit français préfère définir le viol en se basant sur des faits objectifs commis par l'agresseur, ce qui offre une meilleure protection à la victime. Si le consentement devient le point central des procès pour viol, cela ferait reposer toute la charge sur la victime. Or, c'est précisément ce que nous souhaitons éviter. Nous ne voulons pas que la victime soit contrainte de prouver qu'elle a été violée.* » Toutefois, les femmes doivent pouvoir dire « non » et ce refus doit être respecté, estime l'avocate. « *J'irai même plus loin… Si elles ne disent pas explicitement oui, alors c'est non* », ajoute-t-elle. Bien sûr, les partisans de « la liberté d'importuner » y verront une forme de contractualisation de l'acte sexuel dérangeante, et l'avocate en est pleinement consciente. « *Lorsque l'on s'engage dans une relation sexuelle, il incombe pourtant à chacun de s'assurer du consentement mutuel. Comment pourrait-on être à l'aise dans un rapport quand on ignore si l'autre le désire vraiment ?* » s'interroge-t-elle.

Le bannissement à la moindre rumeur

Une part de la jeunesse semble en tout cas être en quête d'exemplarité dans ses propres rangs. Qu'il s'agisse de proches, de célébrités ou d'inconnus accusés sur les réseaux sociaux, les nouvelles jeunes féministes se font un devoir de bannir toute personne adoptant des comportements jugés problématiques. Cette stratégie, qu'elles surnomment familièrement le « ban' », se veut une forme de défense collective. Issue de la « cancel culture » – ou culture de l'annulation –, elle prône ainsi le boycott immédiat d'un artiste dès que des accusations sont portées à son encontre, sans attendre de jugement officiel. « *Je ne comprends pas comment on peut accorder du crédit à des artistes qui ont eu des comportements abusifs envers des femmes. Personnellement, je ne crois pas du tout à la distinction entre l'homme et l'artiste* », prône une jeune femme de 24 ans très soucieuse de ces questions.

Olivia, la jeune étudiante en anglais qui m'évoquait plus son rapport à la pornographie (cf. Chapitre 1), est adepte de cette approche. Elle me l'affirme avec conviction : « *Lorsqu'un artiste est accusé de violences sexuelles, je le vire aussitôt de ma playlist !* » L'un des cas notables pour elle est celui de Melanie Martinez, une chanteuse et auteure-compositrice au look excentrique, révélée par la version américaine de « The Voice » en 2012, où elle avait participé en tant que candidate. Âgée de 29 ans, Melanie Martinez est connue pour son style de musique éclectique qui mélange la pop, l'electro et l'alternative, souvent teintée de mélancolie et de noirceur. Elle a gagné une grande popularité avec des albums comme *Cry Baby* (2015) et *K-12* (2019), qui ont rencontré un énorme succès commercial et critique. La carrière de cette artiste ouvertement bisexuelle a aussi été marquée par une accusation de viol relayée sur les réseaux sociaux par Timothy Heller, 24 ans, une ancienne amie et collaboratrice. Dans la foulée, l'ancienne idole d'Olivia a nié les accusations à son encontre sur son compte Twitter (depuis rebaptisé X). « *J'ai cessé d'écouter sa musique, car je ne peux plus voir son nom ou entendre ses chansons sans penser au fait qu'elle est une agresseuse* », explique néanmoins Olivia, catégorique, installée en tailleur sur le gazon du parc de Vincennes.

Le cas de l'acteur américain Johnny Depp lui a donné plus de fil à retordre. L'acteur américain a été au centre d'une bataille judiciaire très médiatisée conséquente à des accusations de violences conjugales. Ces accusations sont principalement venues de son ancienne épouse, Amber Heard, actrice et militante, qui l'a accusé de violences physiques et psychologiques pendant leur mariage, de 2015 à 2016. Son personnage de pirate dans la trilogie *Pirates des Caraïbes*, dont le premier opus réalisé par Gore Verbinski est sorti en 2003, a bercé l'enfance d'Olivia. Lors du procès en diffamation intenté contre elle par son ex-mari en 2022, Amber Heard a accusé le comédien de « violences conjugales et sexuelles constantes ». Après une longue réflexion, Olivia s'est toutefois astreinte à ne plus aller voir les nouveaux films de l'acteur. Elle s'autorise seulement à regarder d'anciens DVD achetés avant l'affaire. Une façon, à ses yeux, de respecter ses valeurs, car elle a le sentiment ainsi de ne plus concrètement financer ni l'acteur, ni les producteurs qui l'emploient.

Une logique de boycott ou de « call out », comme l'appellent beaucoup, qui s'étend de plus en plus aux cercles privés. Au moindre soupçon de non-respect du consentement, un jeune peut être aussitôt écarté de son groupe social et vilipendé sur les réseaux sociaux. Olivia me confie ainsi qu'elle n'hésite pas à se livrer à ce genre de pratique lorsqu'elle est confrontée à une telle situation. « *Des copines m'ont raconté avoir été victimes d'attouchements par des amis proches. Dès que j'apprends ce genre de chose, je décide de mettre un terme à mes relations avec ces personnes* », dit-elle. La dernière fois que cela est arrivé, Olivia a coupé tout contact avec un ancien ami. « *Quand on se croisait, il rasait les murs en évitant soigneusement de me regarder... Il savait parfaitement que je n'aurais pas hésité une seconde à le dénoncer publiquement* », justifie-t-elle, encore irritée.

Une génération divisée en son cœur

Partir du principe que la génération Z est unanimement convaincue de l'importance de respecter le consentement lors d'une relation sexuelle serait toutefois une interprétation sans doute un peu naïve. Sous le vernis des réseaux sociaux, tous les jeunes ne sont pas aussi sensibles à ce sujet dans leur vie privée. La guerre des générations n'est pas forcément celle qu'on croit : le conflit de valeurs a aussi lieu au sein de la jeunesse elle-même, finalement extrêmement polarisée sur la question.

De fait, dire tout haut qu'on a été victime de violences sexuelles demeure ainsi toujours aussi difficile. En révélant à ses amis le viol qu'elle avait subi de la part d'un garçon de son cercle proche, Adèle, 20 ans, qui témoigne sous son vrai prénom, s'est sentie complètement marginalisée. Tous ses camarades n'avaient de cesse de remettre en cause son témoignage. « *Mais c'est toi qui es montée sur lui ! Pourquoi as-tu fait ça si tu ne voulais pas ?* » l'invective un jour l'un d'entre eux. Même son petit copain de l'époque a douté de sa bonne foi : « *Tu es sûre de ce que tu dis ? C'est mon pote tu sais...* » Toutes ces remarques lui ont presque fait douter de ses propres souvenirs. A-t-elle vraiment été violée ? Est-ce qu'elle n'a pas un peu « aimé » ça, finalement ? Les questions s'entrechoquent dans sa tête encore aujourd'hui. « *Si ça se trouve, il ne m'a pas violée. Si ça se trouve, je mens. Je ne me souviens plus...* », se questionne-t-elle à haute voix devant moi, un peu perdue. « *Je me rappelle juste que je voulais que ça se finisse vite* », lâche-t-elle.

Une partie des garçons qui ont répondu à mes questions m'ont, pour leur part, assuré que beaucoup de filles étaient à leurs yeux des « menteuses ». Pour soutenir leurs propos, certains évoquent des affaires médiatisées, où les femmes seraient, selon eux, uniquement motivées par l'argent face à des hommes puissants et célèbres faciles à détrousser.

« Qui ne dit mot consent », pensent encore bien des jeunes hommes malgré eux. Dans les cercles privés, il est arrivé à nombre d'entre eux d'apprendre qu'un copain était accusé par une fille de comportements inappropriés. « *La fille disait que mon pote l'avait agressée, mais lui affirmait que c'était un acte consenti et qu'elle n'assumait simplement pas d'avoir trompé son copain... Finalement, mon pote nous a envoyé des captures d'écran de leurs discussions où on voyait bien qu'ils se draguaient* », pointe un jeune homme de 21 ans qui semble interpréter ces messages comme une preuve suffisante pour croire son ami.

En discutant avec tous ces hommes en construction, je perçois un malaise grandissant, une incompréhension aussi, à l'égard de ces filles qui « vont parfois trop loin », selon eux. Ce contexte de libération de la parole les laisse souvent perplexes, envahis par le doute, jusqu'à ne plus savoir par moments comment se positionner dans une relation de séduction. « *Parfois, tous les signaux sont au vert mais la fille n'a pas vraiment dit "oui" alors je ne sais plus quoi faire* », déplore l'un d'entre eux. Avant de conclure : « *Dans ces cas-là, je demande le consentement ou alors je ne fais rien.* »

Une sexualité marquée par une absence de mots

La sexualité des jeunes est en réalité marquée aujourd'hui par une cruelle absence de mots. C'est l'un des grands paradoxes de la génération Z. Alors que nous n'avons jamais eu autant de moyens de communication, le dialogue semble s'être rompu. Je songe à l'analyse de la philosophe Manon Garcia qui décrit la relation sexuelle comme une « conversation de chaque instant ». « *Rien n'est plus compliqué que de savoir ce que l'on désire et de savoir dire ce que l'on sait de son désir* », écrit-elle dans son livre *La Conversation des sexes*[1]. Comment s'assurer d'un consentement alors que les flirts virtuels, souvent perçus comme une forme d'engagement pour beaucoup de jeunes, remplacent désormais la séduction d'antan ? Sans mots doux susurrés à l'oreille, comment savoir si les envies sont réciproques ? Autant d'attentes mal comprises qui laissent souvent place à la confusion la plus totale.

Léo, 16 ans, n'a ainsi pas eu les mots au moment opportun. Et cela lui a coûté très cher. Étant encore mineur, ce garçon ne fait pas partie de mon échantillon. Son expérience traduit toutefois très concrètement la réalité de ces garçons accusés de violences sexuelles. Alors qu'il était âgé seulement de 13 ans, Léo n'avait qu'une seule obsession : avoir une copine pour « faire du sexe ». Empreint d'un imaginaire formaté par la pornographie, l'adolescent n'a eu de cesse de vouloir reproduire les mises en scène extrêmes qu'il regardait quotidiennement sur son écran de téléphone depuis ses 12 ans. Quand il avait à peine 8 ans, son père visionnait des vidéos X en sa présence, une initiation qui marque dans son parcours le début d'une addiction à la pornographie. Issu d'une famille de classe populaire, cet enfant de divorcés va très tôt avoir

---

1. Manon Garcia, *La Conversation des sexes. Philosophie du consentement* (Éditions Flammarion, 2021).

des comportements sexuels problématiques avec les filles, sans que sa mère soit tout de suite au courant.

À l'époque des faits qui lui ont été reprochés, il a pour petite amie, depuis plusieurs mois, une fille de son collège. « *Au tout début, nos rapports physiques se limitaient à des bisous et des câlins. Mais rapidement, j'ai voulu essayer d'aller plus loin* », glisse-t-il. Quand sa première fois arrive enfin, il se précipite. « *Sur le moment, je ne comprenais pas qu'elle n'était pas d'accord pour le faire. Généralement, quand on s'embrassait, on continuait sans qu'elle me dise rien pour s'opposer* », se souvient-il. Plusieurs mois plus tard, les amoureux se séparent. Quelques jours après la séparation du jeune couple, la mère de Léo reçoit un coup de téléphone qui fait basculer la vie de la famille.

Un après-midi de printemps, je rencontre Angélique en compagnie de son fils, à l'occasion de sa consultation hebdomadaire avec sa psychologue au sein du Centre Francophone de Ressources et d'accomagnement de l'Addiction à la pornographie (CeFRAAP). Depuis près de deux ans, Léo est suivi par la thérapeute María Hernandez-Mora, spécialiste des addictions sexuelles. Encore très marquée par ces événements, la mère de famille se remémore devant moi le terrible coup de téléphone. « *Tu sais ce que ton fils a fait à ma fille ?* » l'a questionnée une voix à l'autre bout du fil. Le père de l'ancienne petite amie venait de signifier à la mère de Léo son intention de porter plainte pour viol. « *Un viol ! Comment ça, mon petit garçon a commis un viol ?* » s'est-elle demandé sur le coup.

Au total, ce sont deux anciennes petites copines de Léo qui ont dénoncé successivement avoir subi des violences de sa part. La première dénonçait un viol, l'autre des attouchements. Dans les deux cas, les familles ont porté plainte, mais l'une d'elles a retiré la plainte. « *C'était toujours le même mécanisme. Quand on se quittait, je me faisais traiter de pervers, mais moi, à la base, je n'avais rien demandé* », s'offusque l'adolescent face à moi. Le garçon a encore beaucoup de mal à expliquer les accusations à son encontre. « *Je suis allé voir mes ex-copines pour essayer de comprendre. Je leur demandais pourquoi elles ne m'avaient pas dit les choses sur le moment* », explique-t-il, visiblement perturbé. La situation était d'autant plus difficile à cerner pour lui que les échanges virtuels avec ces très jeunes filles reflétaient au contraire un désir mutuel à ses yeux. « *L'une d'entre elles m'envoyait des messages en me disant : "Demain, on se voit pour le faire ensemble." Moi, je disais "oui" puisque c'était elle qui en parlait.* »

Finalement, Léo a été condamné à une peine d'intérêt général pour les faits d'attouchements sexuels par un tribunal pour enfants de l'Oise. Un mineur jugé coupable d'agression sexuelle ou de viol est passible d'une peine de prison s'il est âgé de 13 ans au moins. Dans le cas contraire, il existe une présomption de non-discernement qui rend la réponse éducative et non pénale. Depuis ce jugement, l'adolescent a été déscolarisé.

Un dialogue intime à reconstruire de A à Z

Avec le mouvement #MeToo, des réflexions sur les masculinités ont toutefois commencé à émerger au sein de la jeunesse, et il existe même une forme de « nouveau romantisme » chez beaucoup de garçons. Une remise en question qui semble traverser toutes les classes sociales et ne se limite pas aux milieux les plus aisés. « *Dans les classes supérieures on a l'impression que les masculinités évoluent beaucoup plus, mais en réalité les changements sont tout aussi profonds dans les milieux ruraux ou les classes populaires. Simplement, ces populations prennent moins la parole dans l'espace public. Les classes supérieures n'ont pas le monopole du progressisme*[1] », analysait, en juin 2022, le sociologue Arthur Vuattoux dans un article de la revue *Usbek & Rica*.

Les plus « consciencieux » disent s'appliquer à verbaliser le consentement à chaque rapprochement intime, ponctuant de questions leurs baisers et caresses jusque dans la chambre à coucher : « *Est-ce que je peux t'embrasser ?* » ; « *Est-ce que tu aimes quand je te fais ça ?* » ; « *Est-ce que tu veux que je continue ?* »

Un vocabulaire qui vise à rompre la loi du silence durant les ébats et que le jeune Assane, 21 ans, étudiant en cinéma à Nantes, a adopté dès ses premières relations avec les filles. D'une voix timide, le jeune homme assure que, dans son cas, « le consentement va

1. « Réinventer la masculinité : les générations futures relèveront-elles le défi ? », *Usbek & Rica*, juin 2022.

de soi ». « *Avec du recul, je me dis qu'il faut toujours demander. Il me semble que c'est important de savoir si on est sur la même longueur d'onde* », détaille-t-il, en soulignant le rôle important qu'a eu la vague #MeToo dans sa conscientisation des violences sexuelles. Il était alors âgé de 16 ans.

Contre toute attente, son attitude ne plaît pas pour autant à toutes les filles qu'il rencontre. Il y a deux ans, après des mois à discuter en ligne avec une jeune femme de son âge, Assane a envisagé une relation sexuelle avec elle. Comme à son habitude, le jeune homme, âgé de 19 ans à l'époque, lui a demandé son « autorisation » à chaque nouvelle étape du rapport sexuel. Mais une semaine après ce rapport, il s'est aperçu que sa nouvelle conquête l'avait bloqué et supprimé de tous les réseaux. « *Je me suis tout de suite demandé ce que j'avais fait de mal* », dit-il. Juste avant de disparaître, la jeune femme lui avait écrit. « *Elle me disait qu'elle aurait préféré que je ne lui demande rien et que les choses se passent naturellement entre nous* », raconte-t-il.

Mais alors, quelle est la bonne manière de faire ? Après moult réflexions, Assane a continué à faire du consentement la pierre angulaire de ses relations intimes. Néanmoins, les garçons restent assez confus face aux différentes injonctions contradictoires qui pèsent sur eux : d'un côté, ils se sentent l'obligation d'incarner le mâle dominant, de l'autre, le modèle du garçon doux et respectueux ne cesse de gagner en popularité. Derrière la face visible d'une Gen Z ultra connectée, où tout le monde semble avoir une idée différente de ce que doit être un homme en 2025, se cachent en réalité de nombreuses nuances, qu'il s'agit d'écouter.

Chapitre 5

Plus queers que jamais

S'il est bien une chose qui illustre également la jeunesse des années 2020, c'est son affirmation de toutes les identités sexuelles : hétéro, gay, lesbienne, bisexuel, mais aussi désormais pansexuel*, sapiosexuel*, demisexuel*, polysexuel*, ou encore asexuel*… Le mot d'ordre de l'époque, « Sois qui tu es », a donné naissance à une multiplicité d'étiquettes qui interrogent l'intime dans des dimensions jamais explorées jusque-là. La nouvelle génération a grandi avec ces codes sur ses écrans et en discute de manière bien moins taboue que ses aînés.

Le résultat est parlant : parmi les 50 jeunes interrogés pour cette enquête, ils sont 18 à s'identifier comme LGBTQIA+, soit 36 % de mon échantillon. Au niveau national, ce sont 22 % des individus de la génération Z, nés à partir de 1997, qui se déclarent désormais LGBTQIA+, selon une enquête Ipsos[1] réalisée

* Tous les termes suivis d'une astérisque trouveront leur définition dans le lexique.

1. Ipsos, « LGBT+ Pride 2023 ».

sur 30 pays et publiée en juin 2023. Soit un chiffre en très nette augmentation par rapport à leurs aînés : ils n'étaient en effet que 12 % chez les Millennials (1981-1996), 7 % chez la génération X (1965-1980), et seulement 4 % chez ceux nés avant 1964.

De Skins *à* Sex Education, *une jeunesse abreuvée de récits queers*

Un samedi matin d'automne, Emma m'a ainsi reçu dans le très chic loft de ses parents, un espace baigné de lumière caché au fond d'une cour silencieuse. Cette Parisienne de 20 ans, qui a toujours vécu dans le 10ᵉ arrondissement avec son père éditeur et sa mère kinésithérapeute, a fréquenté des établissements huppés de la capitale. Son vocabulaire recherché trahit une éducation bourgeoise où chaque mot semble pesé. Elle baigne pourtant, depuis son adolescence, dans une forme de *pop culture* inclusive qui a contribué à ce qu'elle s'identifie très tôt à la communauté LGBTQIA+. Ce jour-là, Emma m'accueille en débardeur léger, non maquillée, les aisselles volontairement non épilées. Après s'être longtemps définie comme lesbienne, Emma est récemment tombée amoureuse d'un garçon. Elle se sent donc désormais plus proche de l'étiquette « pansexuelle », c'est-à-dire ces personnes dont les attirances sexuelles peuvent varier, passer indifféremment des hommes aux femmes, ou à toute autre identité de genre.

Comme beaucoup de jeunes de la génération Z, c'est via les séries télévisées qu'elle dit avoir découvert son orientation sexuelle. Pendant sa scolarité, elle s'est souvent sentie étouffée par l'environnement très « hétéronormé [1] », selon elle, de son collège privé, où elle avait le sentiment que les filles étaient constamment réduites à leurs corps, regardées comme des objets, des « bouts de viande ». Ces injonctions la choquaient tellement qu'elle a décidé, à 15 ans, de se raser la tête et de devenir militante des droits LGBTQIA+. Elle s'est mise alors à passer ses soirées dans les bars lesbiens du 20e arrondissement de Paris. « *Couper mes cheveux, c'était symbolique car je remettais en cause ma féminité* », dit-elle aujourd'hui. Une façon pour elle de sortir de l'hétérosexualité par défaut que les jeunes s'attribuent dans la cour d'école.

Au panthéon de ses séries préférées, l'incontournable *Sex Education** figure en bonne place. « *Ce fut comme une révélation pour moi*, confie Emma. *Ce qui est génial dans cette série, c'est la façon dont elle aborde le sexe avec naturel et ouverture, ce qui désacralise le sujet* », ajoute-t-elle. Parmi les copains de fiction d'Emma dans la série *Sex Education*, il y a ainsi Otis, fils d'une sexologue excentrique, qui s'inquiète de n'avoir aucun désir et s'improvise thérapeute pour ses camarades ; Maeve, la rebelle au grand cœur, qui subira un avortement ; Eric, l'ami fidèle d'Otis, jeune homme noir et ouvertement gay, qui surmonte les

1. Le terme « hététéronormé » désigne la norme hétérosexuelle prédominante dans la société.

défis liés à sa sexualité et sa culture ; Aimee, une jeune fille hétéro qui redéfinit la relation à son corps après avoir été victime de harcèlement sexuel ; et Florence, une jeune femme asexuelle, donc qui ne ressent pas ou très peu d'attirance sexuelle pour autrui. Emma cite aussi en exemple un couple lesbien de la série : « *Les relations entre Lily et Ola m'ont montré que l'amour entre femmes est tout aussi valide* », explique-t-elle.

De fait, des horizons nouveaux s'esquissent pour les jeunes L, G, B, ou T qui grandissent avec ces nouvelles représentations sur les écrans, et la génération Z a fortement nourri son imaginaire de ces récits très « queers* », autrement dit remplis de personnages dont l'identité de genre ou l'orientation sexuelle ne correspondent pas aux normes traditionnelles. En 2007, une autre série pour adolescents, *Skins* (Company Pictures, Grande-Bretagne), a ainsi été l'une des premières à introduire de manière significative une palette de personnages LGBTQIA+. Le succès est tellement important à l'époque que la série a débarqué ensuite dans une vingtaine de pays dont la France, où elle a été diffusée sur la chaîne Canal+. À l'aube des années 2010, *Skins* est même le sujet de discussion préféré dans les cours de lycée, comme le rapportent des articles [1] de l'époque. Avec ses thématiques complexes comme l'anorexie, le harcèlement, la drogue ou

1. « La folie des skins parties », *Libération*, 26 septembre 2009.

l'homosexualité, elle fait partie de ces séries méconnues des générations précédentes, mais qui ont pourtant fortement contribué à la construction identitaire de beaucoup de jeunes nés à partir de 1997.

Cette série a ensuite pavé le chemin pour des productions comme *Sex Education*, déjà citée, *Heartstopper** (2022, Netflix) ou la très torturée *Euphoria* (2019, HBO), qui dressent toutes le portrait d'une génération Z inclusive et sexuellement fluide. En une dizaine d'années, une impressionnante accélération de la normalisation de ces différentes sexualités et identités de genre s'est ainsi opérée. Au point qu'en 2020, une étude américaine de la GLAAD (Gay and Lesbian Alliance against Defamation) affirmait que les personnages LGBTQIA+ représentaient 10,2 % des rôles récurrents dans les séries américaines, alors que dans les séries cultes des années 1980 comme *Beverly Hills 90210** (1990, Spelling Television) aux États-Unis ou *Hélène et les Garçons** (1992, AB production) en France, les représentations des minorités étaient marginales voire inexistantes.

Ce nouveau rapport au genre et aux identités sexuelles reste toutefois, aujourd'hui, majoritairement un phénomène urbain, où les villes constituent des sortes d'« eldorados queers » aux yeux des plus militants. Quand les jeunes LGBTQIA+ qui ont participé à cette enquête ont grandi dans un milieu citadin, ils sont 62,5 % à avoir assumé leur identité sexuelle en milieu scolaire, ce qui n'est pas aussi évident en milieu rural, où ils sont seulement 30 % à le faire. Généralement, c'est au moment de leur emménagement dans une grande ville qu'ils sautent le pas, car l'accès à des ressources comme les associations ou les événements communautaires y facilite leur exploration de la sexualité. En outre, les garçons gays ou bisexuels attendent toujours la sortie du lycée pour faire leur coming out. Pour autant, certains jeunes queers ayant grandi à la campagne, en particulier les filles, accèdent de plus en plus à des « rôles modèles » via la *pop culture* qui leur permettent de conscientiser leur sexualité de façon bien plus précoce qu'auparavant.

Dans la campagne où elle a grandi, Olivia, 24 ans, se souvient ainsi que les couples gays, bis et lesbiens n'étaient pas nombreux à s'afficher dans la cour du collège quand elle était adolescente. Fille d'une mère célibataire travaillant comme gestionnaire multimédia, la jeune femme n'a pas grandi dans les hautes sphères parisiennes. Mais alors que l'environnement rural dans lequel elle a évolué aurait pu remettre à plus tard la construction de son identité, c'est grâce aux séries télé qu'elle estime, elle aussi, avoir pu mettre le doigt sur le fait qu'elle était autant attirée par les filles que par les garçons.

Elle avait 12 ans quand elle a découvert la série *Skins* et selon elle, c'est un des personnages de cette série, une dénommée Cassie, qui, comme pour Emma, lui a permis de s'affirmer. « *Le personnage de Cassie, une lycéenne souffrant d'anorexie, m'a permis de comprendre ma propre bisexualité*, confie Olivia. *Une bisexualité que j'identifie désormais comme une pansexualité. Dans la deuxième saison, son personnage couchait avec des garçons et des filles sans en faire un sujet, et cela a été un déclic pour moi. La série m'a permis de prendre conscience que je n'aimais pas uniquement les hommes. Mais surtout, j'ai compris que tout était possible en termes de sexualité.* » Elle fera son coming out à l'âge de 14 ans dans la cour du collège.

Les réseaux, un moyen de s'extraire de la solitude

L'autre miroir tendu à la génération Z sur les questions de genre et d'identité sexuelle se trouve dans l'écran du téléphone portable. Il est impossible de comprendre cette révolution sexuelle actuellement à l'œuvre sans se pencher sur l'impact qu'ont eu sur elle les réseaux sociaux, où les thématiques LGBTQIA+ autrefois invisibilisées ont pu trouver un écho auprès du plus grand nombre. L'occasion pour les jeunes queers – ceux qui ne s'identifient pas comme hétéros – de trouver leurs propres modèles.

Mélanie Gire, alias *Parlons Lesbiennes*, qui cumule près de 100 000 abonnés sur ses différents réseaux sociaux, fait partie de ce paysage. Depuis quatre ans, cette jeune femme de 28 ans a fait le pari audacieux de filmer son quotidien de jeune femme lesbienne. En *scrollant* sur son profil Instagram, on tombe sur de multiples contenus éducatifs. Parmi ce flux continu, j'exhume une publication datée du 4 août 2024 intitulée « Ce que j'aimerais dire à la Mélanie de 23 ans qui avait peur de faire son coming out ». S'ensuit une liste de conseils « pour aider toutes les petites Mélanie ». Elle écrit : « *Tu es normale, être lesbienne ne fait pas de toi une personne différente ; Arrête de te forcer à être avec des hommes et avoir des rapports avec eux : cela ne te rendra pas hétéro ; Être lesbienne ne t'empêchera pas de te marier ni d'avoir des enfants.* » Des messages qui la positionnent aux yeux de sa communauté en « copine lesbienne sans tabous ». Elle parle aussi de la grossesse de sa compagne, obtenue par PMA (procréation médicalement assistée), rappelant qu'un couple de femmes peut également envisager la parentalité.

En la contactant, j'apprends que son public est essentiellement composé de moins de 24 ans, une communauté jeune et en quête de réponses. Les questions qu'elle reçoit le plus démontrent, en effet, le manque d'informations sur les minorités sexuelles. « *Comment se protéger des IST quand on est lesbienne ?* » ; « *Comment savoir si on est lesbienne ?* » ; « *Est-ce que si je couche avec une femme, je suis lesbienne ?* » ;« *Comment faire l'amour entre femmes lesbiennes ?* » ; « *Comment draguer une femme ?* » ; « *Comment se protège-t-on chez les lesbiennes ?* »... Généralement, si une question revient régulièrement, elle prend le temps de répondre en détail dans une vidéo YouTube, où elle explore le sujet en profondeur et sans tabous. Des vidéos en forme de guide intime qui vont des conseils pratiques aux astuces sexos.

En plus de parler de son vécu, la créatrice de contenus tient à travailler sa complicité avec sa communauté et tente d'incarner auprès de ses abonnées ce modèle dont elle estime avoir cruellement manqué lorsqu'elle a découvert, en 2018, qu'elle aimait les femmes. « *Dans cette période de ma vie, j'avais énormément de questions sans réponses parce que la sexualité lesbienne manquait de visibilité. Il y avait très peu de ressources à disposition* », relate-t-elle. Elle s'applique ainsi à être la personne qu'elle aurait aimée rencontrer étant plus jeune.

Comme une majorité de lesbiennes nées avant les réseaux sociaux, elle s'est éduquée en regardant la série *The L Word*. En 6 saisons et 70 épisodes, ce feuilleton américain diffusé pour la première fois en 2004 sur la chaîne de télévision *Showtime* s'est attelé à décrire les amours d'un groupe de femmes lesbiennes et bisexuelles dans le quartier de West Hollywood, à Los Angeles. Alors qu'à la même époque, *Sex and The City* est à son apogée et que *Desperate Housewives* fait un carton, *The L Word* s'intéresse aussi à une bande de copines, à la seule différence près que ces personnages donnent un coup de projecteur sur l'homosexualité féminine, alors pratiquement invisible à l'écran. Belles, riches et épanouies, ces femmes mènent de front carrière et maternité, exactement comme les femmes hétéros. Une représentation qui a fait beaucoup de bien à Mélanie. Cependant, aujourd'hui, les jeunes que j'ai rencontrés au cours de cette enquête ne se contentent plus de citer les séries télé comme outil de réflexion sur leur orientation sexuelle : les réseaux sociaux jouent désormais un rôle tout aussi puissant dans leur processus d'identification.

Plutôt que de se confier à un camarade de classe ou un parent donc, les jeunes LGBTQIA+ ont en effet pu trouver dans la jungle du web un lieu de socialisation et de renforcement de leur sentiment de communauté. Cette tendance à choisir en priorité les réseaux sociaux comme ressources et lieu d'affirmation, Mélanie Gire l'explique notamment par le besoin d'anonymat : « *Mes abonnées me voient comme une sorte d'experte, mais surtout elles savent que je ne les jugerai pas. Je ne connais ni leur mère, ni leur père, ni leur sœur… Et c'est justement cette distance qui leur permet de parler librement, sans crainte. Ce qu'elles redoutent avant tout, c'est d'être jugées.* » Au sein de l'écosystème des réseaux, chaque personne appartenant à la communauté, qu'elle soit gay, bi, lesbienne, transgenre, pansexuelle ou même asexuelle, trouvera son influenceur, son propre rôle modèle.

Revendiquer une identité, pas une sexualité

La parole sur la sexualité est libre et décomplexée parmi ces jeunes, mais les corps sont davantage dans la retenue. C'est sans doute un des grands paradoxes de la génération Z. Comme le résume la sociologue Catherine Deschamps dans son ouvrage *Le Miroir bisexuel**, nous avons opéré au fil des siècles un glissement du « faire sexuel » à « l'être sexuel ». En réalité, l'étiquetage des orientations sexuelles ne date pas d'hier. Il a débuté au XIXe siècle, période à laquelle la médecine a commencé à le développer, avant de se consolider au XXe siècle avec la montée des mouvements LGBTQIA+.

En d'autres termes, avant ce moment de bascule, la norme sexuelle se limitait essentiellement à la sexualité procréative, tandis que les autres pratiques étaient socialement disqualifiées. Avec l'émergence des catégories sexuelles modernes, cette conception a évolué pour se concentrer non plus sur les actes, mais sur les individus. « *Alors qu'au début du XIX*^e^, *untel était adepte de telle ou telle pratique, "faisait" ça ou ça, après la Première Guerre mondiale, untel "est" hétérosexuel, homosexuel ou bisexuel* », illustre la sociologue. Ce phénomène s'est considérablement intensifié au cours des vingt dernières années, comme en témoigne l'allongement significatif du sigle LGBTQIA+ qui en est un exemple frappant.

L'inflation des catégories laisse d'ailleurs les parents déboussolés. Jusque dans les années 2010, on voyait s'affirmer dans la sphère publique principalement des homosexuels, des bisexuels et des hétérosexuels. Mais aujourd'hui, de nouveaux termes comme « pansexuels », « asexuels », « polysexuels » ainsi que des distinctions romantiques ont vu le jour. Au point que certains se disent désormais « hétéroromantiques », « homoromantiques », ou encore « polyromantiques » et « aromantiques ». Autant de mots qui visent à incarner différentes attractions et témoignent surtout d'une manière moins strictement physique de vivre la sexualité.

Au premier abord, Justin se définit ainsi hétérosexuel. Installé sur le sofa de son studio montpelliérain, seul avec son chat, le jeune homme de 24 ans, qui souhaite conserver l'anonymat, semble vivre un peu comme retiré du monde. Les cheveux en bataille, binocles sur le nez, ce garçon issu des classes populaires aspire à devenir un jour éducateur spécialisé. Son parcours amoureux plutôt timide se déroule lentement, marqué par quelques rares aventures passagères et une relation de trois ans avec une fille qui semble l'avoir profondément marqué. Pétri d'angoisse, il traverse souvent des périodes dépressives et me confie avoir beaucoup de mal à aller au-devant de nouvelles rencontres. Dans son souvenir, sa dernière relation sexuelle remonte à plus d'un an environ et il ne cherche pas spécialement à sortir de cette abstinence. Au bout d'une conversation de plusieurs heures, il m'avoue presque sur le ton de la confidence, comme s'il craignait de me décevoir, que finalement ce n'est pas tant le sexe qui l'attire dans les relations, mais plutôt l'idée d'un amour véritable, un amour avec un grand A. Dans sa quête d'amour sincère, les distinctions romantiques qui ont émergé pour qualifier des attractions non sexuelles l'intéressent tout particulièrement.

En creusant derrière son discours de façade, Justin admet qu'il est aussi très attiré par les garçons, mais préfère se qualifier d'« homoromantique ». Après avoir vécu toute son adolescence entouré d'amis queers dont il se sentait plus proche que les autres, il finit par se questionner sur son identité, à l'âge de 20 ans. « *Je me suis rendu compte que je trouvais les hommes beaux et attirants. Mais pour autant, je n'avais pas envie d'expérimenter quoi que ce soit sur le plan sexuel avec eux. La sexualité me faisait déjà peur avec les filles, alors avec les garçons, ce n'était tout simplement pas envisageable* », raconte-t-il. En écoutant les bavardages de ses amis gays qui racontent leurs dernières conquêtes sexuelles mouvementées, parfois assez directes, il finit par conclure que la sexualité avec un homme ne l'attire pas du tout. Malgré ce constat assez implacable, il lui est arrivé plus d'une fois d'embrasser des garçons en soirée, voire de dormir avec eux. Et il le dit sans gêne : il adore ça. « *Être "homoromantique", cela veut dire que je peux tomber amoureux d'un garçon, mais pas avoir une relation sexuelle avec lui* », avance-t-il.

Ce florilège de nouvelles étiquettes témoigne d'une plus grande acceptation des orientations sexuelles. Pourtant, certains jeunes queers des centres-villes finissent paradoxalement par remettre en question la surenchère de coming out, en particulier chez les jeunes filles au lycée. « *Maintenant, c'est arrivé à un point où certaines se disent bisexuelles ou pansexuelles pour exciter les mecs, qui sont nombreux à fantasmer sur les couples de femmes* », estime une jeune femme bisexuelle de 19 ans, assez agacée par ce qu'elle appelle « un effet de mode » qu'elle date au confinement de 2020. Selon elle, de nombreuses jeunes femmes se disent pansexuelles sans même savoir, par exemple, que l'utilisation de ce terme induit l'inclusion des personnes transgenres. « *Après avoir questionné l'une de ces filles qui se disaient pansexuelles, elle m'a avoué qu'elle ne savait même pas ce que cela voulait dire* », poursuit-elle.

« Sans Twitter, je ne sais pas si j'aurais accepté mon homosexualité »

Si le cadre est moins rigide, l'ouverture sexuelle actuelle dépend beaucoup du milieu social et de l'entourage. Certains contextes familiaux ou sociaux peuvent freiner cette libération, même si les réseaux sociaux et les applications de rencontres permettent aux jeunes de se libérer progressivement dans l'intimité de leurs chambres. De même, l'homosexualité reste toujours aussi taboue chez les garçons de cette génération. Le souvenir pas si lointain des débats virulents autour du « mariage pour tous », par exemple, est encore vif dans les mémoires de tous les jeunes homosexuels que j'ai pu interviewer.

Au printemps 2013, alors que le projet de loi ouvrant le mariage aux couples homosexuels suscite des débats houleux dans les foyers français, Valentin, par exemple, avait 13 ans. Chez lui, il entendait régulièrement ses parents s'offusquer que des personnes de même sexe puissent se marier en France. Les débats à l'Assemblée nationale mettent le sujet sur la table, alors qu'il n'avait jamais été évoqué jusque-là au sein de cette famille catholique pratiquante vivant dans les Yvelines. Les week-ends, l'adolescent défile ainsi dans les rues de Paris, un drapeau bleu et rose à la main, dans les rangs de la « Manif pour tous », opposée au mariage gay, aux côtés de ses parents et de ses frères et sœurs. Mais quelques années plus tard, alors qu'il prend peu à peu conscience de son homosexualité, les réseaux sociaux vont faire évoluer son regard.

Quand je retrouve Valentin, un matin d'été près de la Porte Dorée à Paris, entre deux trains qui le conduisent à Lille où il réside aujourd'hui, ce jeune homme de 25 ans semble à contre-courant des autres jeunes gays rencontrés dans le cadre de cette enquête. Drapé dans un long trench beige, il se tient sous un parapluie, l'air souriant. Sa casquette Gavroche, ses chaussures cirées et sa moustache en guidon lui confèrent un style légèrement suranné, comme s'il sortait tout droit des années 1950. Tandis qu'une averse tombe, il me raconte son éducation rigoriste qui l'a obligé longtemps à lutter contre son identité.

Une période charnière pendant laquelle il a découvert le réseau social Twitter, un espace de liberté, selon lui, où il a pu apprendre à vivre avec son homosexualité, y sonder son identité et, finalement, l'accepter sans réserve. Comme lui, de nombreux jeunes LGBTQIA+ m'ont raconté à quel point Twitter a contribué à leur acceptation. « *À un moment donné, j'ai décidé de prendre les choses en main. J'avais besoin d'en parler* », se souvient Valentin. Petit à petit, il a découvert des comptes anonymes qui abordaient la question de l'homosexualité au sein de la communauté catholique. « *C'était une révélation pour moi de voir que d'autres catholiques vivaient cette réalité.* » Cette découverte a été un tournant pour le garçon, âgé de 22 ans à l'époque.

Après des mois à suivre les publications de différents comptes catholiques, il contacte l'un d'entre eux. Il rencontre l'homme au jardin du Luxembourg un après-midi. Bien que l'homme en question, un ancien moine, n'ait pas prodigué de conseils précis à Valentin, il lui suggère de ne pas lutter contre son identité. Et dans ces échanges bien réels, il finit par trouver de l'apaisement, une forme d'espace de discussion dénué de jugement et une porte vers des connexions extérieures sans qu'il ait à se rendre dans des lieux LGBTQIA+ qui ne le mettent pas à l'aise. « *Twitter m'a permis de rencontrer des gens comme moi, qui étaient à la fois catholiques et homosexuels* », souligne-t-il.

L'anonymat offert par les réseaux sociaux est aussi crucial à ses yeux. « *J'ai créé un compte Twitter pour poser des questions et participer à des discussions sans que ma famille ou mes amis soient au courant. Sans Twitter, je ne sais pas où j'en serais aujourd'hui. Ma vie a radicalement changé* », avance-t-il. Même s'il n'envisage toujours pas un coming out, Victor a depuis commencé une relation amoureuse avec un garçon rencontré sur ce même réseau social, et avec lequel il « prend son temps ». Encore vierge, Valentin ne se sent toujours pas prêt à vivre une quelconque vie sexuelle, et préfère en rester distant.

Les applis de rencontres, relais du « cruising » pour les gays

Plus encore que pour les hétérosexuels, les nouvelles lois de l'amour 2.0 ont déplacé les rencontres homosexuelles. De la conscientisation du désir à sa concrétisation, Internet offre aux jeunes homosexuels une discrétion dans les rencontres. D'une génération à l'autre, cet impératif a toujours existé mais n'avait pas les mêmes solutions. Dans son film coup de poing *Les Nuits fauves* (1992), le réalisateur Cyril Collard avait mis en scène les tribulations nocturnes de son personnage principal, Jean, un homme bisexuel et séropositif, pris dans les tourments de la nuit. Tombé amoureux de Laura, une jeune fille de 17 ans incarnée par Romane Bohringer, il ne pouvait pourtant pas s'empêcher d'aller voir des garçons à la nuit tombée. Une quête de plaisir immédiat remplie de scènes fugaces dans des « cruising places », ces lieux de rencontres éphémères en plein air (ponts, sous-sols, jardins publics…) en vogue dans les années 1990 où jeunes homosexuels et bisexuels se retrouvaient loin des regards.

Aujourd'hui, les applications de rencontres ont pris le relais des lieux de « cruising* ». Elles permettent aux jeunes homosexuels de se connecter instantanément, de discuter et de se rencontrer en toute discrétion depuis leur canapé. En France, entre 2005 et 2013, près d'une relation homosexuelle sur trois s'est nouée via un site de rencontres, selon une enquête de l'Institut national d'études démographiques (Ined) et de l'Insee [1]. Un chiffre qui témoigne de l'importance de ces espaces pour les couples de même sexe et qui a dû certainement évoluer depuis. Pour les plus jeunes, c'est même là que débute, le plus souvent, leur vie sexuelle.

Au cours de mon enquête, la majorité des jeunes hommes gays que j'ai rencontrés m'ont ainsi confié avoir utilisé ces applis pour rencontrer leurs premiers partenaires sexuels. Des flirts dématérialisés qui commencent généralement par des photos explicites, le plus souvent envoyées via l'application Grindr, décrite comme le Tinder des hommes gays. Le succès de ces applications auprès des populations homosexuelles s'explique par l'entre-soi qu'elles favorisent : les partenaires potentiels sont immédiatement identifiés comme gays, lesbiennes, bisexuels ou pansexuels… « *Il m'est arrivé de tomber sur des garçons de ma promo dont je ne connaissais pas l'attirance pour les garçons* », glisse un jeune homme gay de 23 ans, étudiant en chimie. On en revient à ces fameuses étiquettes qui permettent de se situer face aux autres.

La règle des « deux premières fois » pour les filles

Pour les filles lesbiennes, bisexuelles et pansexuelles, également friandes des applications de rencontres, l'entrée dans la sexualité est légèrement différente. Une sorte de règle des « deux premières fois » s'impose pour

1. Enquête Épic (Étude des parcours individuels et conjugaux), Ined-Insee, 2013-2014.

elles. Le premier partenaire demeure généralement un garçon dans la majorité des cas. Et c'est seulement dans un second temps qu'elles sautent le pas des relations sexuelles avec d'autres femmes.

Dans un café lyonnais, je fais ainsi la connaissance de Chloé, une jeune étudiante en droit de 24 ans, qui se définit aujourd'hui comme lesbienne. Sa longue chevelure brune encadre son visage marqué par un piercing discret au nez et des yeux noir profond. Son accent du Sud-Est rappelle son Ardèche natale, où elle a grandi dans un village entouré de verdure. Avant d'assumer définitivement son attirance pour les filles, cette jeune femme timide a, comme beaucoup, eu des histoires avec des garçons. L'été de ses 16 ans, elle a ainsi vécu sa première relation sexuelle dans un jardin public près de chez elle, dans son village. Elle s'est adonnée à l'expérience sans engagement amoureux. « *C'était un garçon de passage dans la région pour les vacances et cela m'allait bien comme ça* », dit-elle. Car depuis le collège, Chloé se pose des questions sur ses attirances.

Sur Internet, elle répond souvent en secret à des quiz pour savoir si elle est lesbienne. Or, en parallèle de romances avec des garçons de son âge, il lui arrive à plusieurs reprises, à partir de ses 13 ans, de flirter avec des copines. « *On était quatre filles et on se posait beaucoup de questions sur la sexualité. L'une d'entre nous avait déjà fait sa première fois avec un garçon, alors nous avons essayé de faire des trucs ensemble*, raconte-t-elle. *Une fille du groupe me plaisait en particulier. En secret, on se voyait et on avait des rapports… Cela a dû arriver trois ou quatre fois en l'espace d'un an. Il y avait une notion de jeu qui prenait le dessus* », décrit Chloé. Des rapprochements qui ont lieu à l'occasion d'invitations à la maison, dans l'intimité de leurs chambres d'adolescentes, pendant que les parents dormaient.

Chapitre 6

Les influenceuses de l'intime

Le numérique a tout changé dans le rapport à l'intime pour la génération Z. En plus de permettre aux jeunes queers de trouver des modèles d'identification, il a aussi offert un accès libre à une forme d'encyclopédie de la sexualité sans limites. Fini les discussions gênantes avec les amis ou les cousins plus expérimentés, *exit* l'éventuel dialogue à la maison avec les parents : pratiquement tous les jeunes rencontrés pour cette enquête (86 %) m'ont confié leur extrême autonomie sur la Toile à l'heure de chercher des informations sur la sexualité. Un Internet et des réseaux sociaux vus à la fois comme une source inépuisable d'informations et la garantie de ne pas avoir à exposer leurs questionnements les plus intimes à haute voix, au profit de discussions virtuelles.

Les visages de ces communautés de l'intime sont souvent ceux d'influenceurs ou plutôt d'influenceuses d'un nouveau genre qui ont créé de toutes pièces des espaces de discussion dédiés au sujet sur TikTok,

Instagram ou la plateforme YouTube. Des bonnes copines d'Internet en somme, dont le mouvement a débuté au milieu des années 2010, avant de prendre de l'ampleur dans les pas de la vague #MeToo en 2017. Inspirées par une nouvelle lecture féministe de la sexualité, des créatrices de contenus ont commencé à émerger à cette période charnière. En ligne, les comptes éducatifs sur la sexualité sont tenus en majorité par des jeunes femmes, là où les influenceurs masculins préfèrent, eux, se concentrer sur un autre créneau : celui des « coachs en séduction », qui se situent souvent dans les pas du mouvement masculiniste (cf. Chapitre 2). Ces influenceuses explorent autant les questions liées aux infections sexuellement transmissibles (IST), à l'acceptation de soi, au consentement, aux joies d'une sexualité non pénétrative ou encore aux différentes orientations sexuelles.

Faute de représentation dans l'éducation sexuelle *mainstream*, les jeunes queers se tournent également vers ces alternatives. Combien de fois au cours de mon enquête ai-je entendu de jeunes homosexuels, lesbiennes, bisexuels ou pansexuels reprocher aux bons vieux cours de SVT une approche trop « hétéronormée » ? Au sein de ces communautés en ligne, les jeunes LGBTQIA+ estiment être plus à même de trouver de véritables rôles modèles à leur image, comme évoqué dans le chapitre précédent.

Les bonnes copines d'Internet

Une des toutes premières à avoir investi ce créneau de l'éducation sexuelle 2.0 a pour pseudonyme Léa Choue, et elle attire aujourd'hui quelque 638 000 *followers* sur ses différents réseaux sociaux. La jeune femme, âgée de 31 ans et originaire du Sud-Ouest, a grandi dans la campagne gersoise. Au début de son activité sur les réseaux sociaux, elle misait plutôt sur les « tutos beauté », qui dominaient YouTube à l'époque. Mais son militantisme féministe prenant forme, elle a commencé à poster des vidéos sur la sexualité féminine sur un ton léger. En 2014, prendre la parole sur le sujet exposait à beaucoup quand on était une jeune femme de 20 ans. Mais Léa Choue a malgré tout décidé de ne s'interdire aucun sujet, parlant aussi bien de masturbation et de pertes blanches que d'épilation. Après s'être heurtée à la censure des plateformes envers ces sujets, elle a décidé d'opérer un virage à 360° dans sa ligne éditoriale, se consacrant désormais à des vidéos de décryptage sur des phénomènes de société.

Une vidéo de cette influenceuse consacrée à la sexualité a profondément marqué Inès, 20 ans, étudiante en audiovisuel, que je rencontre dans son studio niché au milieu du jardin de son père en Seine-et-Marne. La jeune femme à la chevelure bouclée qui encadre son visage hâlé a longtemps été traversée par l'angoisse à l'idée de la « légendaire première fois ». Elle me raconte n'avoir jamais voulu évoquer le sujet avec ses parents. À la maison, le dialogue était pourtant ouvert. Sa mère, bibliothécaire, lui rapportait souvent des livres d'éducation sexuelle pour aborder le sujet de manière détournée. Mais un jour, elle est tombée par hasard sur une vidéo postée par Léa Choue, et ce fut le déclic. « *Cette vidéo a vraiment eu un impact sur moi* », confie Inès qui s'est sentie rassurée par le discours de cette très jeune femme à laquelle elle pouvait s'identifier.

La vidéo est devenue virale à l'époque, au point d'atteindre 1,6 million de vues. Elle est toujours accessible à l'heure où j'écris ces lignes : on peut y voir l'influenceuse répondre, en toute décontraction, les yeux soulignés d'eye-liner et une barrette dans les cheveux, aux questions de ses milliers d'abonnés sur l'expérience de la « première fois ». Face caméra, Léa Choue précise qu'elle n'est pas médecin, qu'elle répond seulement avec sa maigre expérience de jeune femme de 20 ans. Et pour contourner l'algorithme de la plateforme qui risque de censurer son contenu, elle utilise le mot « poterie » pour parler de « sexe », une pratique courante chez ces créatrices de contenus.

Les influenceuses à la rescousse de l'éducation sexuelle

Après les pionnières, beaucoup d'autres influenceuses sont arrivées sur le devant de la scène en se professionnalisant, à en croire les différents comptes populaires auprès des jeunes comme « Orgasme et moi », « Masha

Sexplique », « Merci Beau Cul », « Wicul », « Le Cul nu », « Parlons Lesbiennes » ou encore « Jouissance Club ». Face à une forte demande, les « influenceuses de l'intime » se sont donc multipliées à vitesse grand V. Chacune dans un créneau différent – qu'il s'agisse de critiques de sex-toys, de contenus informatifs, de témoignages, de conseils pratiques ou d'informations propres à la communauté LGBTQIA+ –, elles s'efforcent d'offrir des connaissances « vérifiées » à leurs abonnés, tout en répondant aux nombreuses questions, souvent naïves, que leur posent les membres de leur communauté. « *Les prélis, c'est quelques jours avant de passer à l'acte ou ça peut être le même jour ?* », « *La première fois, ça fait mal ?* », « *C'est quoi le 69 ?* », est-il courant de lire dans l'espace commentaires de leurs publications.

Les dessins coquins et colorés de Jouissance Club ont ainsi beaucoup aidé Adèle, 20 ans, étudiante aux Beaux-Arts de Rennes (cf. Chapitre 4), dans son apprentissage de la sexualité, selon elle. « *J'ai appris que la sodomie était aussi super pour les hommes, que le point G existait…* », assure, bravache, la jeune femme au regard charbonneux. Grâce à ce compte Instagram créé en 2018 par l'illustratrice Jüne Plä, ce sont près d'un million d'abonnés qui se documentent aujourd'hui sur une sexualité qui se veut créative et bienveillante, avec l'ambition affichée d'imaginer de nouvelles façons de faire l'amour. Sur cette page, qui existe également sous la forme d'un livre [1], l'influenceuse de 40 ans partage

1. *Jouissance Club : Une cartographie du plaisir*, éditions Marabout, 2020.

quotidiennement des dessins explicites montrant diverses méthodes de sexualité non pénétrative. Une façon d'encourager les couples à sortir du schéma hétérosexuel classique, qui veut que le rapport se déroule toujours en trois actes définis : préliminaires, coït, éjaculation.

Tout en feuilletant les pages du livre *Jouissance Club*, Adèle, abonnée de longue date au compte Instagram, se remémore le vertige de ses premières fois, lorsque le manque d'informations la conduisait à se faire parfois mal lors de ses rapports avec son partenaire de l'époque, un ami du même âge qu'elle considérait comme son *sexfriend*[1]. « *On ne savait même pas qu'on pouvait utiliser du lubrifiant !* » s'exclame-t-elle, honteuse. De son propre aveu, elle n'éprouvait jamais de plaisir dans sa sexualité et pensait même que les rapports hétéros se résumaient à la pénétration. Grâce aux nombreux contenus existant sur les réseaux sociaux, Adèle se cultive toutefois plus qu'elle n'expérimente, avoue-t-elle. Avant de se mettre en couple récemment, la jeune femme n'avait pas eu de partenaire sexuel pendant deux ans. Être plus informés et sans tabous sur la sexualité ne rend pas les jeunes plus entreprenants, ai-je pu constater au cours de mes entretiens. Et pour cause, une partie non négligeable de cette jeunesse parle plus de sexualité qu'elle ne la pratique.

---

1. « Sexfriend » (de l'anglais « sex » et « friend », soit « ami sexuel ») désigne un partenaire avec qui on entretient une relation d'amitié incluant des rapports sexuels.

Au programme : overdose d'infos et quête de sens

Une parole libérée sur les réseaux sociaux est-elle donc gage d'une meilleure éducation sexuelle ? Manon Lugas alias « Le Cul nu » sur Instagram est un autre de ces comptes très populaires, avec plus de 100 000 abonnés. Dans ses vidéos, cette trentenaire pétillante au carré soigné parle en toute décontraction de santé sexuelle, fact-checke les fausses informations qui circulent et partage des anecdotes historiques sur ce qu'elle appelle la « culture du cul ». En plus d'être créatrice de contenus, elle est aussi coordinatrice d'intimité [1] dans l'industrie pornographique, un métier encore marginal, mais qui prend peu à peu de l'ampleur auprès des productions éthiques.

Manon Lugas connaît donc très bien la génération Z grâce à son activité sur les réseaux sociaux : la moitié de son audience est âgée de 15 à 22 ans. Depuis son canapé, elle m'explique que les jeunes ne sont pas mieux informés sur la sexualité grâce à Internet, mais

1. Un coordinateur d'intimité est un membre d'une équipe de cinéma, de télévision ou de théâtre, dont le rôle est d'assurer le bien-être des acteurs participant à des scènes de sexe ou d'intimité. À la suite d'affaires judiciaires en 2020, impliquant des sites pour adultes comme *Jackie et Michel* et *French Bukkake* pour « traite d'êtres humains » et « viol en réunion », un #MeToo de la pornographie a émergé, soulignant la nécessité de ces médiateurs sur les plateaux de tournage. En France, ils sont moins d'une dizaine à travailler dans le secteur de l'audiovisuel, tandis qu'aux États-Unis, le métier s'est largement popularisé depuis l'affaire Weinstein en 2017.

qu'ils sont plutôt saturés d'informations. À l'écouter, ils ne savent plus vraiment faire le tri entre tous ces contenus, d'où leur besoin de s'en remettre à des figures identifiées comme les influenceuses sexos. « *Internet leur offre l'opportunité de préserver l'anonymat. Pourtant, à mon avis, chercher à se dissimuler derrière cet anonymat les éloigne de l'idée même d'affronter la réalité du sexe* », explique-t-elle. L'influenceuse se souvient notamment de ce jour où, lors d'un live TikTok, une jeune fille de 18 ans, issue d'une famille très religieuse, confondait la méthode du retrait censée éviter une grossesse avec une IVG (interruption volontaire de grossesse). « *Pendant le confinement, une rumeur circulait à propos d'une menace de pénurie de préservatifs. J'avais vu des vidéos de jeunes femmes qui confiaient n'en avoir jamais utilisé et préféraient se tourner vers la méthode du retrait.* » Lors de ce live, elle a donc alerté ses abonnés sur le fait que « cette méthode n'était pas fiable à 100 % » à la suite de l'intervention de la jeune ingénue.

Tous ces comptes sexos sont aussi le réceptacle des tourments de la génération Z. Dans l'intimité de son salon, Manon Lugas énumère les inquiétudes qui reviennent le plus, aujourd'hui, sur sa messagerie privée. En tête de liste figurent les douleurs liées à la pénétration, suivies de près par les nombreux témoignages sur les dysfonctionnements de libido, dont les jeunes choisis pour cette enquête m'ont également fait part. « *Manon, moi, quand on me parle de réarmement démographique, je ne comprends pas. [...] Là, on vient de sortir d'une soirée où on a parlé politique... Est-ce que c'est normal si je n'ai pas envie ?* » lui a écrit récemment une de ses abonnées. Des messages de jeunes femmes qui se plaignent de ne plus avoir envie de faire l'amour, l'influenceuse en reçoit beaucoup ces derniers temps. L'absence de désir qui traverse la jeunesse est particulièrement palpable à ses yeux. « *Même si c'était déjà très présent pendant la crise sanitaire, j'ai l'impression que cela revient en force, avec l'actualité des guerres en Ukraine, puis à Gaza et le climat politique ambiant... Forcément, tout ce contexte anxiogène affecte notre plaisir et notre libido* », observe-t-elle.

Faire rentrer le sexe dans des cases, notamment celles issues de la pornographie, est l'autre grand sujet d'intérêt de la génération Z. L'un de ses plus lourds handicaps aussi, selon l'influenceuse. « *Les jeunes ne cherchent pas à comprendre le sexe, ils cherchent à le régler* », remarque la trentenaire. Face à tant de questions désespérées, Manon Lugas s'astreint toutefois à rester dans son rôle. Si un problème de santé est évoqué par un de ses abonnés, elle envoie automatiquement une liste de professionnels de santé parmi lesquels des gynécologues, des sexologues et des vénérologues. En conclusion, l'influenceuse répète toujours cette même phrase : « *Ne te contente pas d'une publication Instagram qui te donne cinq signes que tu es atteinte de vaginisme*[1] ». De fait, les comptes des

1. Le vaginisme est un trouble sexuel. Il se caractérise par une contraction involontaire des muscles du périnée.

« influenceuses de l'intime » chamboulent en partie la représentation de la sexualité que pouvaient avoir les générations antérieures au même âge.

La fin du tabou autour du plaisir féminin

Des générations de femmes ont en effet longtemps ignoré l'existence du clitoris et sa fonction érogène. À ce titre, les pages Instagram et TikTok de Manon Lugas, de Jüne Plã et de beaucoup d'autres brisent les tabous autour du plaisir féminin. Les sexologues saluent ainsi, contre toute attente, la tentative de vulgarisation de ces comptes sexos et reconnaissent l'effet positif qu'ils peuvent avoir sur leurs jeunes *followers*. Au cours de mon enquête, j'ai moi-même été surprise du nombre de jeunes évoquant spontanément le féminisme, l'orgasme prostatique [1], ou encore la sexualité non pénétrative.

Au cœur de ce microcosme, il y a aussi des comptes qui se transforment en vitrines publicitaires pour sextoys et autres accessoires liés, de près ou de loin, à la sexualité. La plupart de ces influenceuses ont collaboré, plus ou moins régulièrement, avec des marques de jouets pour adultes et parfois d'autres types de produits, leur permettant ainsi de maintenir leur modèle économique à flot. En vue des fêtes de fin d'année, elles sont par exemple nombreuses à promouvoir des

1. L'orgasme prostatique est pour les hommes un orgasme interne, contrairement à l'orgasme éjaculatoire.

calendriers de l'Avent coquins en partenariat avec une célèbre marque de sex-shops. « *Je vais ouvrir la case 24… Oh ! C'est un joli petit Womanizer, le dieu de l'orgasme clitoridien !* » s'exclame l'une d'elles en ouvrant un des cadeaux dudit calendrier sur lequel elle offre 15 % de réduction. Manon Lugas, toutefois, en fait moins que ses collègues dans ce domaine, et ce volontairement, comme elle me l'a confié.

Au sein de cette génération qui a grandi en voyant ces objets défiler sur son écran de téléphone, il n'est pas rare que des jeunes femmes me confient, au détour d'une conversation, avoir ainsi acheté ces produits qui ne sont désormais plus associés aux sex-shops glauques tels que les ont connus leurs parents. Pour une partie d'entre eux, posséder un sex-toy et se donner du plaisir soi-même est désormais perçu comme « cool » et parfaitement normal.

Le mauvais exemple des influenceurs de téléréalité

Les conseils de certaines personnalités comportent toutefois des risques. Sur TikTok, il suffit de passer en revue les publications qui traitent du corps et de la sexualité pour tomber sur des vidéos de jeunes femmes, fortes de centaines de milliers d'abonnés, faisant la promotion de techniques parfois dangereuses pour la santé. À l'heure où j'écris ces lignes, je ne compte plus les vidéos mettant en avant les bienfaits du « sauna vaginal ». Objectif de cette pratique : purifier l'appareil génital féminin, en le positionnant au-dessus d'une bassine d'eau bouillante dans laquelle ont infusé des plantes. La tendance connaît un véritable engouement sur TikTok, mais les gynécologues affirment que cela peut entraîner des risques d'infections, de déséquilibre de la flore vaginale et de brûlures très graves au niveau de la muqueuse et du col de l'utérus. De la même manière, on trouve aussi des promotions pour des baumes intimes conçus spécialement pour le sexe féminin. Une nouvelle obsession pour l'odeur et l'aspect de la vulve qui suscite régulièrement des levées de boucliers du corps médical : aucun vagin n'est sale, il est même autonettoyant, cinglent les gynécologues.

Une certaine catégorie d'influenceurs s'est d'ailleurs spécialisée dans les discours problématiques sur la sexualité. Il s'agit des influenceurs issus de la téléréalité, régulièrement critiqués pour leurs propos controversés alors que la moyenne d'âge de leurs abonnés est réputée très jeune. Après la starlette de téléréalité Maeva Ghennam qui vantait en 2021 les bienfaits d'une intervention chirurgicale de la vulve pour « rajeunir son vagin », ce sont ses collègues de l'émission phare *Les Marseillais*, diffusée pendant dix ans sur W9, Jessica Thivenin et Thibault Garcia, qui ont été pointés du doigt. L'objet de la controverse n'était autre qu'une vidéo YouTube dans laquelle le couple star, installé sur le lit king-size de leur immense villa à

Dubaï, tenait des propos banalisant les rapports sexuels forcés.

Conscients du pouvoir des réseaux sociaux, de nombreux professionnels de santé vont à la rencontre des jeunes directement sur Instagram et TikTok, afin de les sensibiliser là où ils passent le plus clair de leur temps. En 2023, la sexothérapeute Marine Gandon a ainsi sauté le pas en créant son propre compte Instagram. Entre deux publications sur l'orgasme et la baisse de libido, cette trentenaire s'approprie tous les codes des influenceuses en créant des vidéos pédagogiques à des fins de lutte contre les fausses informations. « *Trois fausses idées en sexualité* », s'intitule par exemple l'une de ses récentes vidéos où, dans un langage accessible, coiffée d'un chignon et lunettes sur le nez, elle résume les fausses idées les plus entendues chez ses patients. Malgré tout, noyés dans ce flux ininterrompu d'informations, beaucoup de jeunes de la génération Z ont parfois du mal à discerner le vrai du faux.

Chapitre 7

JE COUCHE (PAS) DONC JE SWIPE ?

Le « swipe » serait-il devenu la traduction digitale du « zapping relationnel » ? Sur leur écran de téléphone, les jeunes répètent à l'infini ce mouvement du doigt qui permet de « liker » tous les partenaires potentiels aux alentours. Certains vont même jusqu'à dire que Tinder, Happn, Bumble, Once, Adopte, Fruitz et toutes ces applications de rencontres ont définitivement enterré l'amour romantique. « *Le sexe, c'est un peu comme un Coca ou un Big Mac* », me glissera, dans un soupir de consternation, une jeune femme de 19 ans, pas franchement emballée par ces « nouvelles lois de l'amour ». Un sentiment d'apparente facilité qui n'est pas partagé par tout le monde : le numérique démultiplie tant les possibilités que les connexions peinent aussi parfois à se concrétiser en véritables rencontres.

Peut-on parler d'un marqueur générationnel ? En tout cas, les chiffres le montrent. Parmi les jeunes que j'ai rencontrés, 46 % déclarent utiliser régulièrement les applications de rencontres, tandis que 78 % ont déjà, au moins une fois, téléchargé une application de ce type. En l'espace d'une décennie, ces plateformes sont devenues des terrains d'expérimentation, où la rapidité et la multiplicité des options redéfinissent la manière dont les jeunes interagissent et explorent leur désir. Ces plateformes ne font pas pour autant l'unanimité : 32 % des jeunes que j'ai interrogés ont complètement arrêté de les utiliser, et 22 % n'ont même jamais tenté l'expérience. Preuve qu'une sorte de « dating fatigue » s'installe au sein de la génération.

Le marché du « match »

Au lancement de Tinder en 2012, les plus âgés entamaient tout juste leur vie sexuelle. En se ruant sur ce nouvel outil, il s'agissait pour eux de flirter en ligne et ainsi tester leur pouvoir de séduction. Mais aujourd'hui, *swiper* compulsivement de gauche à droite à la recherche d'une aventure éphémère est devenu pour certains un geste quotidien, révélant un nouveau mode de consommation des relations, où le rapport au désir et à l'amour ne passe plus par les mêmes étapes. Qu'ils adhèrent ou non au phénomène, tous et toutes sont imprégnés par cette nouvelle façon de penser la rencontre amoureuse.

Hugo par exemple, 20 ans, connaît par cœur ce geste qu'il répète jusqu'à l'usure, au moindre temps libre. Il est le garçon qui me racontait dans le chapitre 1 être tombé de façon précoce dans le porno. En balayant les profils des jeunes femmes aux alentours, l'étudiant en école d'ingénieur évalue l'offre, mais aussi sa valeur sur le « marché de la drague ». J'ai d'ailleurs rencontré Hugo… sur Tinder. En photo de profil, j'avais choisi pour l'occasion l'affiche très suggestive du film *Love* (2015) de Gaspar Noé, où l'on voit deux bouches s'embrasser passionnément, accompagnée d'un court message expliquant la raison de ma présence sur l'application, qui n'avait donc rien à voir avec les intentions habituelles des utilisateurs. À peine avons-nous « matché » que, tout de suite, Hugo m'a proposé un rendez-vous dans la semaine pour participer à l'enquête. Avant de programmer une rencontre, j'ai tenté d'en savoir plus sur le personnage.

Le profil de ce séducteur 2.0 débutait par une blague. Un peu plus bas, il précisait « court terme, OK pour long ». Traduction dans le langage des applis de rencontres : Hugo est principalement à la recherche de flirts sans lendemain, même s'il reste ouvert à une relation suivie. Entre quelques photos en terrasse et des *selfies* devant le miroir, le blond à l'allure de skateur affichait un regard séducteur. Dans le monde de la drague en ligne, la création du profil est une étape cruciale pour faire bonne impression. Et pour Hugo, à l'entendre, la stratégie est plutôt payante. Je découvrirai plus tard que son cas ne représente pas la majorité des garçons de sa tranche d'âge.

La sélection et l'élimination des candidats et candidates m'évoque en tout cas un processus de recrutement en ressources humaines. Au lieu d'un CV, les jeunes célibataires scrutent une photo, et parfois une « bio » censée résumer en quelques mots une personnalité, des goûts et des intentions. Quand je l'interroge sur ses critères de sélection, Hugo évoque tout de suite l'apparence physique, même s'il regrette cet automatisme et explique s'intéresser aussi à ce que dégage la personne. « *Qui dit appli de rencontres dit physique en priorité, malheureusement. Mais il m'arrive aussi parfois de matcher avec des personnes seulement parce que leur "vibe" me plaît* », m'écrit-il.

Un « reboot » de la rencontre amoureuse

Nos échanges écrits traduisent un renversement du scénario traditionnel de la rencontre. *Exit* les coups de foudre en boîte de nuit ou en soirée ; aujourd'hui, quand on a 20 ans, l'amour peut commencer différemment. Maintenant, la connexion se tisse d'abord à travers des échanges numériques. Les affinités se construisent par les mots, et le contact physique n'intervient qu'une fois la compatibilité virtuelle établie. Une analyse qui ne s'applique pas seulement aux applications de rencontres, mais aussi aux réseaux sociaux dans leur ensemble, qui sont largement utilisés par les jeunes pour faire des rencontres amoureuses.

Le script des rencontres hétéros 2.0 se révèle pudique en apparence. Le contraste est flagrant quand on songe à la franchise des échanges sur les applis réservées aux hommes gays, par exemple. Sur Grindr

– sans doute l'application de *dating* la plus populaire chez les homosexuels –, les échanges sont volontiers plus explicites et centrés sur le sexe, à grand renfort de « nudes » et autres détails sur les pratiques sexuelles attendues. « *Les applications gays, c'est un peu comme une liste de courses*, confie un jeune homme de 23 ans. *On y trouve tout : si quelqu'un est actif ou passif, ses positions préférées, son statut sérologique, la date de ses derniers tests IST, et même des détails comme son poids, sa taille, voire la taille de son sexe !* » Garçons et filles hétéros, eux, savent pertinemment que des messages trop directs seraient mal perçus, même si la finalité reste la même. « Trop vulgaire » ou « gênant », me répondent les concernés.

En *swipant* quelques minutes sur les différents profils hétéros, je note toutefois que le désir de relation sans engagement est le même, mais s'exprime plus discrètement. Chacun use de son inventivité pour éviter de tenir des propos explicites, bannis sur de nombreuses plateformes. Sur Tinder, un système de « bio warning » a été mis en place pour mettre en garde les utilisateurs dont les descriptions ne respectent pas les règles de l'application. En consultant cette réglementation, on peut lire en effet que la nudité n'est pas tolérée, tout comme les contenus à caractère sexuel ou inapproprié. Enfin, il est également proscrit d'écrire explicitement qu'on recherche du sexe sur son profil. « *Si tu es dans une conversation privée, tu peux le faire si l'autre est d'accord. Le consentement, ça compte* », peut-on lire. Sur Once, une autre application qui privilégie la qualité à la quantité avec un seul « match » proposé par jour, les algorithmes sont spécialement conçus pour détecter, entre autres, la nudité. D'autres applis concurrentes ont, quant à elles, décidé de ne plus permettre l'envoi de photos. Ces nouvelles règles ont été mises en place pour répondre aux critiques, nombreuses ces dernières années, sur le manque de sanctions de la part de ces plateformes en cas de propos discriminatoires ou d'envoi de photos explicites comme ces « dickpics » déjà évoquées que de trop nombreuses femmes ont reçues sans leur consentement.

Face à ce nouveau cadre, du côté masculin, on multiplie donc les métaphores pour prévenir de ses intentions : « *pas de prise de tête* » ; « *envie de tout, envie de rien, et des câlins à la pelletée* » ; « *aime profiter de la vie* » … Cependant, la recherche de sexe sans sentiments est jugée plus sévèrement chez les jeunes femmes. Car sur Internet, le sexisme a encore de beaux jours devant lui.

Une semaine après notre premier échange, je rencontre Hugo dans le parc de la cité universitaire à Paris, un soir d'octobre. En début de conversation, le jeune homme m'affirme que depuis bientôt un an, l'application est devenue son terrain de jeu favori. Face à la profusion de propositions, il a vite oublié son objectif initial, pourtant romantique, de trouver l'amour. « *J'aime la liberté que ça me donne. Aujourd'hui, je suis dans cette boucle infinie, incapable de vouloir une relation stable, car je ne veux pas y renoncer. J'en veux toujours plus !* confie-t-il. *Même quand tout se passe pour le mieux avec une fille, je finis toujours par la ghoster parce qu'un détail ne me convient pas* », avoue-t-il avec une pointe de honte. Le *ghosting* consiste à couper brutalement tout contact, laissant l'autre dans l'incertitude.

Une équation moderne : coup d'un soir, plan cul et ghosting

Le sexe, un produit de consommation comme un autre ? Hugo reconnaît que ses expériences n'auraient jamais été les mêmes sans les applications qui ont boosté son ego et démultiplié ses possibilités relationnelles. Aujourd'hui, son téléphone est son principal moyen de faire de nouvelles conquêtes. Dans un enchaînement presque boulimique, il est parfois amené à rencontrer une à deux filles par semaine.

Comme le souligne la sociologue et chercheuse au CNRS Marie Bergström dans son livre *Les Nouvelles Lois de l'amour*[1], les relations sexuelles précoces viennent désormais « sceller une entente » plutôt que le début d'une relation engagée. Cette dynamique qui induit une recherche constante du « mieux » alimente une « phobie de l'engagement » pour ceux qui, en plus, ont les algorithmes en leur faveur… Pour autant, le couple n'est ni rejeté, ni affaibli, et reste même un idéal de vie. Seulement, les parcours amoureux sont

1. Éditions La Découverte, 2020.

souvent semés d'embûches et de ruptures, comme j'ai pu le constater à travers mes entretiens.

Les garçons qui ont trouvé la recette magique du « match » parlent ainsi d'un rapport presque « addictif » aux applications et aux rencontres sexuelles que celles-ci leur ont permises. En migrant dans les grandes villes pour leurs études, ils se retrouvent propulsés dans une frénésie de rencontres virtuelles qui leur permet de cumuler les expériences éphémères. Première nouvelle avec ces services numériques : les hommes ne sont plus obligés de faire couple pour avoir une sexualité. Sur Tinder et ailleurs, les jeunes cherchent moins des relations sérieuses que des « coups d'un soir » et autres liens périssables. Plus qu'une expérience à deux, ils sont nombreux à chercher uniquement des relations charnelles. « *Le cul pour le cul* », résume l'un d'entre eux, trivial. L'intéressé admet avoir longtemps considéré les filles comme des numéros, comme si son unique obsession était de se forger une expérience sexuelle.

Quand les désirs s'éveillent en eux, même les plus introvertis qui peinent à séduire dans la vraie vie choisissent les applications de rencontres comme terrain de jeu. Un jeune homme qui a téléchargé pour la première fois ce type d'applications à 19 ans m'explique ce qui l'a mené à privilégier le numérique pour ses « premières fois » : « *Personnellement, je ne sors jamais en boîtes de nuit ou dans les bars*, explique-t-il. *Je ne suis pas non plus du genre à aller draguer les filles dans la rue. Alors, je me disais que faire des rencontres en ligne était sans doute la méthode la plus simple. D'autant que je n'avais rien à perdre !* » La virtualité est, en effet, très rassurante à leurs yeux, et bien moins impressionnante qu'une rencontre réelle. En tout, parmi les garçons hétérosexuels interrogés pour cette enquête, ils sont 28 % à déclarer avoir eu une première interaction sexuelle avec une partenaire rencontrée sur une application de rencontres.

Les garçons ne sont pas les seuls à vivre librement leur sexualité grâce aux applications de rencontres. Les filles sont nombreuses à avoir écumé les services du genre, que certaines décrivent comme un moyen de lutter contre la solitude. « *Pendant longtemps, je pense que j'ai voulu combler un vide. Je me disais que si je voulais, je pouvais matcher ! C'était rapide, facile...* », relate l'une d'elles, n'hésitant pas à qualifier les applications de rencontres de « *marché à la non-solitude* ». Ce nouvel outil leur permet ainsi d'atteindre une forme de libération sexuelle en accéléré. Dans leurs périodes les plus actives, certaines rencontrent jusqu'à cinq personnes par semaine, sans que cela induise nécessairement un rapport sexuel. Au quotidien, ces jeunes femmes libérées enchaînent davantage les « plans culs réguliers* » ou les « sexfriends » que les relations sérieuses. Contrairement à un « plan cul » qui désigne une relation purement physique, une relation avec un « sexfriend » implique généralement un lien d'amitié en plus des interactions sexuelles, sans pour autant que cela évolue vers une relation amoureuse par la suite.

Les collectionneuses des temps modernes

En arrivant dans la capitale, Alice a ainsi vu dans les applications une solution simple et efficace, un moyen de multiplier les rencontres tout en restant dans sa zone de confort. Dans son petit studio d'étudiante du 15e arrondissement de Paris, cette jolie rouquine de 23 ans me reçoit en plein été avec un café, son canapé-lit en guise de fauteuil d'interview. En face de moi, elle remonte le fil de son histoire personnelle, évoque son adolescence à Tours, où elle a grandi avec son père chauffeur-livreur et sa mère infirmière.

Elle a longtemps cru qu'une fille « respectable » ne devait avoir de relations sexuelles qu'avec son petit ami, mais elle explique comment son point de vue a rapidement évolué, notamment après qu'elle a découvert les rencontres en ligne. « *Quand je suis arrivée à Paris pour intégrer mon école de maquillage, je ne connaissais personne et pour être honnête, j'avais envie d'avoir une vie sexuelle… Comme je suis quelqu'un d'assez casanier et que j'ai du mal à aller vers les gens, j'ai téléchargé l'application.* » Dans un langage très cru, l'apprentie maquilleuse décrit un enchaînement de « plans cul » et autres relations sans lendemain dans lesquels elle découvre une grande part de liberté et surtout le plaisir charnel.

Inscrite depuis deux ans sur Tinder, Alice le dit sans rougir : elle cherche du sexe sans prise de tête. Pour autant, gare à celui qui lui enverrait un message trop explicite pour l'approcher. « *Généralement, ma réaction est automatique : je ghoste tout de suite si un garçon en vient à parler de sexe dès le premier message* », tranche-t-elle, le ton ferme. Habituée à un certain rythme de croisière, elle explique ne jamais rester plus de trois ou quatre mois sans avoir de partenaires sexuels, expliquant que dans ces moments de solitude, il suffit pour elle de se reconnecter sur l'application pour pallier ce manque presque immédiatement.

Cette facilité déconcertante à trouver des partenaires la pousse inconsciemment à devenir plus exigeante. « *Grâce aux applis et aux réseaux sociaux, on rencontre quinze fois plus de gens. C'est comme si on nous servait sur un plateau des tas de partenaires potentiels. C'est tellement plus facile de zapper les gens dans ces conditions* », constate-t-elle. Elle songe à l'époque de ses parents qui se sont rencontrés au bal du village où ils habitaient et qui ont mis très longtemps avant de concrétiser leur histoire. « *Avant, les couples se rencontraient au travail ou dans ce genre d'événements*, souligne-t-elle. *Aujourd'hui, on peut discuter avec quelqu'un qu'on ne connaît même pas sur une application, décider de le rencontrer le soir même et, parfois, aller jusqu'à coucher avec lui. Tout cela en l'espace de quelques heures.* »

Toutes ces rencontres éphémères, Alice les archive dans son téléphone, où elle tient une liste détaillée de chacun de ses partenaires sexuels. Elle n'est clairement pas la seule à tenir un décompte minutieux de son « bodycount* » : plusieurs filles m'ont montré des listes similaires, l'une d'elles ayant ironiquement rebaptisé la sienne « l'Abaisecédaire ». En riant, Alice me montre fièrement son tableau de chasse, où les noms et prénoms de chaque partenaire sont associés à une note et un emoji censé traduire la « performance ». « *Je fais ça aussi pour me rappeler tout le monde* », glousse-t-elle.

En consultant de mes propres yeux la fameuse liste, je constate que son « bodycount* » affiché est de 26. Même si la plupart sont assez décomplexées sur la question, les filles savent pertinemment que dans certains cercles, un « bodycount » trop important leur serait reproché, au contraire des garçons. Bien que très banalisé dans la bouche des ados et des jeunes adultes, ce terme n'en reste pas moins controversé, car il suppose que les uns et les autres ne sont plus que des corps à collectionner, un chiffre d'affaires à atteindre.

Une infiltration du vocabulaire capitaliste dans le récit des relations affectives qui inquiète la sociologue Eva Illouz [1], directrice d'études à l'École des hautes études en sciences sociales (EHESS), dont les travaux font référence. Pour elle, les sites et applications de rencontres sont l'incarnation parfaite d'une logique marchande ayant pénétré la sphère de l'intime. Cette « rationalisation de l'expérience amoureuse » entraîne, selon elle, une hypersexualisation des rapports et une perte de croyance en l'amour.

---

1. Eva Illouz, *Les Sentiments du capitalisme*, Seuil, 2006.

Connexions anonymes : les filles enfin libérées

Les applications de rencontres ne sont pas seulement le théâtre d'une relecture du romantisme, comme on pourrait le penser. Elles offrent aussi paradoxalement, à entendre les jeunes femmes, un espace de liberté. En ligne, beaucoup considèrent qu'elles ne subissent plus les jugements de la société quand elles « matchent » puis couchent avec les garçons de leur choix. « *Si tu es là juste pour coucher, personne ne te jugera. C'est quelque chose de vraiment libérateur* », avance l'une d'elles rencontrée au cours de cette enquête. À l'opposé des rencontres fortuites dans un bar ou sur les bancs de l'université, celles qui se font via les applications se déroulent en dehors des cercles sociaux habituels, souvent à l'insu de l'entourage. Les applications de rencontres sont aussi très prisées des minorités. Qu'il s'agisse des femmes hétéros ou des personnes LGBTQIA+, tous et toutes y trouvent un espace leur permettant d'échapper, une fois de plus, à toute éventuelle stigmatisation.

La principale qualité des applications reste ainsi aux yeux de Joséphine, déjà évoquée au début de ce livre (cf. Chapitre 1), leur grande discrétion. Commencer sa vie sexuelle et amoureuse avec un smartphone dans les mains a changé beaucoup de choses pour la jeune femme en construction qu'elle était à 18 ans. Après son baccalauréat, elle a quitté son village du Maine-et-Loire pour s'installer à Rennes, où elle a enchaîné les aventures passagères via Tinder, avec différents garçons qu'elle surnomme encore aujourd'hui ses

« amants ». Le terme de « plan cul », pourtant très en vogue chez les jeunes de son âge, lui déplaît.

Chaque nouvelle conquête est passée complètement inaperçue autour d'elle. Cette liberté permise par les applications lui a laissé le droit, comme aux garçons, de « *coucher sans retenue* », selon ses propres termes. « *Mes rencontres sexuelles se faisaient en dehors de ma vie sociale et de mes cercles à l'université. Personne n'était au courant du nombre de personnes avec qui je couchais ou encore comment je couchais. Ce qui faisait qu'il n'y avait pas de répercussions sur ma vie, sur ma réputation... Au fond, j'avais l'impression que je pouvais rester éternellement aux yeux des autres cette femme inaccessible un peu prude, et cela m'allait très bien.* » Cette obsession de la réputation revient sans cesse dans la bouche de certaines jeunes femmes, qui estiment que cette liberté sexuelle permise par leur téléphone portable leur serait aussitôt reprochée si elle était révélée au grand jour.

Le soir, Joséphine a ainsi longtemps alimenté de multiples discussions virtuelles sur ces plateformes dans lesquelles elle refaisait le monde avec ces hommes dont elle ne savait rien. Dans le lot, il y a eu quelques relations sérieuses, mais surtout beaucoup d'histoires d'une nuit. « *Parfois, les messages pouvaient être assez explicites. Le mec me disait "Tu veux baiser ?" et je répondais "Oui" quelquefois, pas toujours. Sinon, je recevais juste un "On se capte ?" sans plus de détails.* » Le scénario habituel voulait que le « match » la rejoigne directement dans un bar ou vienne la chercher chez elle en voiture. Toutes ces relations éphémères lui auront offert quelques frissons sans jamais avoir aucun impact sur sa vie sociale.

Cependant, qui se cache réellement derrière ces messages de drague ? Personne n'est jamais à l'abri d'une déception, ou même d'une mauvaise rencontre. Sur les applications de rencontres, il existe une pléiade de faux profils. Les jeunes utilisatrices savent pertinemment que l'exercice peut se révéler dangereux, mais certaines règles implicites leur permettent d'avoir le sentiment de ne pas prendre trop de risques. Un garçon qui proposerait un rendez-vous directement chez lui se verrait répondre un « non » catégorique de la part des plus prudentes. D'autres préfèrent, quant à elles, se rassurer en demandant à les ajouter sur les réseaux sociaux, afin de pouvoir consulter leurs profils. Une manière pour elles de scruter leur vie numérique et de se faire une idée plus précise de leur personnalité. Elles peuvent ainsi analyser les photos, les commentaires et ensuite déterminer s'il s'agit d'un vrai compte.

Joséphine, elle, dit faire confiance à son « intuition » et à sa « méthode de profilage » qui lui permet de vite comprendre à qui elle a affaire. En termes de sécurité, elle a ainsi l'habitude de demander le profil Instagram avant d'envisager une rencontre, car elle se méfie des usurpateurs. « *La virtualité m'est familière*, dit-elle. *Je crois lire autant dans la personne que si je la rencontrais IRL* [« in real life », dans la vraie vie]. *Ce sont un peu comme des correspondants. J'ai l'impression de mieux les connaître que si je rencontrais un inconnu dans un bar.* » La méthode n'est pas pour autant infaillible, et il lui est arrivé de tomber sur des jeunes hommes qui avaient menti sur leur identité ou leurs intentions. Certaines filles m'ont confié qu'après des rencontres éphémères, elles ont pu se sentir lésées ou manipulées par des hommes qui cherchaient simplement à profiter d'elles.

Les jeunes hommes disqualifiés par l'algorithme

Les filles ont donc l'embarras du choix, mais à leurs risques et périls. La journaliste Judith Duportail révélait dans son enquête *L'Amour sous algorithme*[1] que sur les applications de rencontres comme Tinder, les profils féminins ont généralement plus de choix et obtiennent plus de « matchs » que les profils masculins, qui sont plus nombreux. Ce déséquilibre numérique entraîne une avalanche de sollicitations pour les femmes, sans garantir pour autant la qualité des interactions. En ligne, les jeunes femmes sont souvent réduites à une liste de critères physiques. Ce phénomène peut renforcer d'un côté la sexualisation des femmes et influencer chez elles une mauvaise estime de soi, tandis que les jeunes hommes ressentent, eux, une forte pression en raison de cet environnement très compétitif.

La réalité algorithmique disqualifie en effet beaucoup de jeunes hommes. Quelques chanceux qui correspondent aux critères des utilisatrices sont mis en

1. Éditions Goutte d'or, 2019.

avant par l'application, tandis que les autres restent sur le banc de touche. Lors de ses recherches en 2019, la sociologue Marie Bergström a ainsi découvert que sur le site Meetic, les hommes de moins de 25 ans peinaient à établir des contacts : seuls 12 % des messages qu'ils envoyaient recevaient une réponse, contre 30 % pour les hommes âgés de 50 à 59 ans. Ce faible taux de réponse pousse beaucoup de jeunes hommes à *swiper* à droite sur les profils des filles, c'est-à-dire à indiquer qu'elles leur plaisent, sans même les regarder. Une tactique que l'on m'a souvent rapportée, mais qui n'est pas toujours couronnée de succès.

La première explication à ce sentiment de déséquilibre soulève une réalité statistique : les filles se tournent généralement vers des hommes plus âgés qu'elles. Au début de leur vie sentimentale, les femmes manifestent une nette préférence pour des partenaires plus matures, et se mettent généralement en couple avec un homme ayant en moyenne deux ans de plus qu'elles. En 1980, le sociologue Michel Bozon soulignait déjà un « rejet sans équivoque des pairs » de la part des jeunes femmes qu'il identifiait plus précisément comme un « goût pour les hommes plus mûrs » visiblement plus installés socialement. Ce qui était vrai hier l'est encore aujourd'hui.

Au cours de mon enquête, la moitié des jeunes hommes ayant déjà été inscrits sur une application de rencontres m'ont confié cette sensation d'échec, bien qu'ils aient parfois noué une ou deux relations par ce biais. Visiblement déçus d'être sans cesse ramenés à l'étiquette du « loser », certains finissent même par se détourner du monde des rencontres en ligne, espérant trouver plus de chances dans le hasard du quotidien.

« *J'ai essayé Tinder il y a un an. Mais cela n'a pas été très fructueux. Je n'ai fait aucune vraie rencontre avec. Toutes mes discussions étaient complètement vides et plates* », me confie un garçon de 20 ans, visiblement amer, qui a très vite supprimé l'application face à cette douche froide. Parmi ces infortunés du *dating*, j'ai observé énormément de frustration quant à l'enchaînement continu de « discussion stériles » et somme toute superficielles qui est devenu rapidement une routine pour eux. « *Au final, j'ai l'impression qu'on est un peu comme au supermarché, mais il n'y a rien de sincère dans tout ça. On se fait une idée de la personne sans la connaître vraiment, et puis on est déçu.* », poursuit l'un d'entre eux.

Fabrice, lui aussi, connaît bien la dure loi des applications de rencontres. C'est sur Tinder également que je fais sa connaissance. Sur sa « bio », le célibataire de 25 ans indique qu'il n'a jamais « aimé le principe de cette application, mais cela reste un moyen "efficace" de rencontrer des gens ». Le message est suivi d'un smiley gêné. Dans cette phrase, les guillemets qui encadrent la notion d'efficacité des services de rencontres ont leur importance. En l'espace de quatre ans, Fabrice n'a rencontré que deux filles en chair et en os : l'efficacité est donc toute relative. Après quelques échanges à l'écrit, il accepte de se livrer sur son expérience du sexe en ligne lors d'une rencontre aux Buttes-Chaumont, à Paris.

Le style encore adolescent, vêtu d'un jogging ample, ce grand timide fils d'une mère sénégalaise gestionnaire de fonds et d'un père français, ingénieur à la retraite, estime que les applications de rencontres ne lui ont que rarement donné un coup de pouce dans ses rencontres amoureuses. Il avait 16 ans quand il a téléchargé pour la première fois Tinder, en plein confinement, car c'était « le seul moyen d'entrer en relation avec des filles ». Comme il était encore mineur à l'époque, il a menti sur son âge pour pouvoir créer son profil.

Son expérience n'a pas pour autant été concluante, relate aujourd'hui ce grand fan de jeux vidéo qui passe le plus clair de son temps dans sa chambre à jouer en ligne avec des inconnus qu'il considère comme ses véritables amis. « *Je ne comprenais pas forcément le concept de l'application*, confie-t-il, l'air un peu blasé. *J'ai tenté l'expérience, mais cela ne m'a pas plu tant que ça et je ne sais pas forcément quoi dire pour attirer l'attention. Malgré tout, je garde cette option sous le coude encore aujourd'hui, certainement par dépit. On ne sait jamais !* »

« Matchs » en série, fatigue infinie

La « dating fatigue » dans la génération Z, c'est ce murmure discret qui s'infiltre à chaque *swipe*, chaque message sans réponse, chaque rendez-vous avorté. Tous les déçus des applications me racontent, sans aucune étoile dans les yeux, ces rendez-vous convenus où chacun déroule son CV, non sans un certain malaise. Après avoir redéfini la rencontre amoureuse, si l'on en croit certaines enquêtes, les applications de rencontres seraient même progressivement en train de tomber en disgrâce aux yeux des plus jeunes… Habitués depuis l'enfance à cette surabondance de connexions et d'opportunités virtuelles, ils paraissent pour la plupart bien conscients des lacunes de ce système et beaucoup confient ne plus vraiment rechercher l'expérience.

En fin d'été 2023, je rejoins ainsi Théo, 26 ans, en bas de la barre HLM où il vit en colocation avec trois amis dans le 94. Quand je fais sa connaissance, il vient tout juste d'emménager dans ce nouvel appartement après avoir vécu toute sa vie chez sa mère, dans une cité de Noisy-le-Grand. Derrière la porte close de sa cuisine, à l'abri des oreilles indiscrètes, le jeune homme confie également sa sensation d'échec dans les rencontres amoureuses en ligne. La « dating fatigue » l'a guetté pendant de nombreuses années, à force d'enchaîner les « matchs » qui ne menaient nulle part. « *Parfois, tu parles à une fille pendant plusieurs semaines, et tout s'arrête d'un coup sans explication*, décrit-il. *Et puis, un jour, une notification réapparaît sur ton écran. Elle est revenue.* »

L'attention à l'autre est réduite à néant. Sursollicités numériquement, les jeunes peinent en réalité à maintenir un intérêt constant pour une personne qu'ils n'ont encore jamais rencontrée, et passent d'un profil à l'autre sans réelle conviction en alimentant les discussions par des phrases toutes faites qui ne les font pas vibrer eux-mêmes. Visiblement lassé par la superficialité de ces échanges, Théo estime tomber constamment sur les mêmes profils, les mêmes photos sur ces applications… « *Cette façon de se vendre comme si on présentait son CV finit par ne plus rien susciter chez moi. Personnellement, je suis authentique, je ne calcule rien. Et je vois bien que ce n'est pas ce qui marche* », conclut-il.

Au cours de mes entretiens, malgré l'engouement décrit par certains vis-à-vis des applications de rencontres, j'ai observé, en parallèle, un désintérêt croissant chez d'autres qui, bien qu'inscrits sur les plateformes, expriment cette lassitude contemporaine. Cela concerne autant les filles, fatiguées des scénarios répétitifs et peu gratifiants, que les garçons, qui ressentent souvent l'impossibilité de concrétiser leurs désirs. Quand certains rechutent, c'est souvent après une rupture, parce que les applications de rencontres leur permettent de « booster leur ego » grâce à la validation que symbolise un « match » ou une notification de message.

Joséphine, la grande habituée du *dating*, a passé des années à errer de profil en profil, son pouce répétant mécaniquement le même geste de façon presque absente. « *Je suis beaucoup allée sur ces applications, et j'ai aimé être sur Tinder. Mais depuis deux ou trois ans, ça ne me parle plus du tout. Les rencontres, en général, ne me parlent plus. Ce n'est plus du tout une priorité dans ma vie* », confie-t-elle. La lassitude s'est ainsi installée, effaçant l'engouement des débuts. Sa propre petite sœur, qui a grandi à ses côtés dans le même village du Maine-et-Loire, a six ans de moins qu'elle. Quelques mois après avoir rencontré Joséphine, j'ai pu la voir par son intermédiaire à Rennes dans son petit appartement, où j'ai appris à cette occasion que leurs expériences personnelles sur ce point étaient radicalement différentes.

Aujourd'hui âgée de 20 ans, cette jeune femme qui appartient pourtant à cette même génération Z n'a jamais partagé le même enthousiasme que sa sœur aînée pour les applications de rencontres. « *Moi, je ne voulais pas faire l'amour sans être amoureuse. Je n'ai aucune expérience de plan cul. Je ne m'identifie pas du tout à tous ces jeunes qui sont sur Tinder, qui pécho toutes les semaines… Avant de rencontrer mon copain il y a quatre mois, je n'avais plus eu de relation sexuelle depuis deux ans* », explique-t-elle d'un air tranquille mais déterminé. « *J'ai eu Tinder une fois. J'ai rencontré quelqu'un, on s'est embrassés, mais c'est tout. Ça ne m'intéresse pas. Personnellement, je veux de l'amour ou rien. J'ai l'impression que c'est une perte de temps sinon* », ajoute-t-elle. Un point de vue partagé par beaucoup de jeunes de son âge, tout juste entrés dans la vingtaine, qui expriment un désir de connexions sincères et profondes, bien au-delà de leurs écrans de téléphone.

Chapitre 8

No stress, no sex

Trop de sexe, plus de sexe ? Jamais une génération n'a eu autant de moyens pour vivre sa sexualité sous toutes ses formes. Pourtant, une partie d'elle semble paradoxalement s'en éloigner de plus en plus. « *Le sexe n'est pas une priorité dans ma vie* » ; « *Je préfère me concentrer sur mes études, ma carrière...* », m'a-t-on prudemment répondu ici et là. Pour certains, c'est le fruit d'un choix conscient, une volonté de s'éloigner d'une sexualisation omniprésente qu'ils jugent angoissante ; pour d'autres, cela résulte d'une lassitude face à des rencontres de plus en plus superficielles. En tout cas, une forme de mise en sommeil des jeux de séduction semble bel et bien à l'œuvre au sein d'une partie de la génération Z.

Et si l'hyperconnexion, loin d'éveiller les désirs, était en train de les éteindre à petit feu ? Au cours des douze mois pendant lesquels j'ai conduit mon enquête, 14 % des jeunes interrogés ont affirmé n'avoir eu aucun partenaire sexuel au cours de l'année écoulée, tandis que

46 % n'en dénombraient qu'un seul. Parmi les 50 personnes que j'ai rencontrées, quatre ont aussi assuré être toujours vierges, dont trois pour des motifs religieux. Parmi eux, deux ont toutefois admis avoir eu des relations sexuelles orales – plus communément appelés « préliminaires » –, une indication quant au fait que l'acte sexuel continue encore trop souvent d'être réduit à la pénétration. Chez les jeunes en couple, beaucoup m'ont aussi expliqué que malgré le fait qu'ils soient installés dans une relation amoureuse, ils traversaient régulièrement des périodes d'abstinence, parfois longues, dues à une baisse de libido, ou parce qu'ils ne percevaient plus le sexe comme une obligation dans le couple.

Les chiffres obtenus sont même plus importants au niveau national. En janvier 2024, un sondage de l'Ifop [1] révélait que 28 % des 18-24 ans n'avaient eu aucun rapport sexuel au cours de l'année écoulée, contre seulement 5 % en 2006. Plus récemment, en novembre de la même année, une grande enquête de l'Inserm, intitulée « Contexte des sexualités en France » [2], soulignait à nouveau une baisse des rapports sexuels chez les 18-29 ans, qui avaient en moyenne en 2006 12 rapports par mois pour les hommes contre 9 aujourd'hui. Les femmes, elles, sont passées de 11 à 8 sur la même période.

---

1. IFOP - Pôle « Genre, sexualités et santé sexuelle », Observatoire Lelo de la sexualité des Français(es), « La "sex recession" : quand les Français(es) font moins l'amour », 2024.
2. Enquête CSF-2023 Inserm-ANRS-MIE

Quand le sexe s'efface au profit d'une « épidémie de solitude »

Une forme de « récession sexuelle » en partie liée à la grande solitude qui frappe cette génération du fait notamment de sa surexposition aux écrans. Et si ces derniers apaisaient et renforçaient tout à la fois leurs tourments ? Lors de l'enquête nationale en collèges et en lycées chez les adolescents sur la santé et les substances (EnCLASS) [1] menée en 2022, 21 % des collégiens et 27 % des lycéens ont exprimé un sentiment de solitude.

Inès, 20 ans, fait partie de cette jeunesse-là. Angoissée par la surreprésentation de la sexualité dans les médias, elle ne comprend pas l'obsession qui entoure le sujet dans la culture populaire. Longtemps, elle a fait partie de ces adolescentes qui se sont informées grâce aux conseils des influenceuses sexos sur les réseaux sociaux. Mais comme beaucoup d'autres jeunes rencontrés au cours de cette enquête, elle a aussi longtemps perçu lesdits réseaux comme un cocon rassurant lui évitant de se confronter à une réalité des

1. « La santé mentale et le bien-être des collégiens et lycéens en France hexagonale » ; résultats de l'Enquête nationale en collèges et en lycées chez les adolescents sur la santé et les substances – EnCLASS 2022. Menée par l'École des hautes études en santé publique (EHESP) et l'Observatoire français des drogues et des tendances addictives (OFDT), en partenariat avec le ministère de l'Éducation nationale, l'enquête a recueilli en 2022 les réponses de 9 337 élèves du secondair.

rapports sexuels et amoureux qui l'angoissaient. À ce jour, elle n'a d'ailleurs entretenu qu'une seule relation sérieuse qui aura duré un an, et à laquelle elle a mis fin récemment.

Fille d'une bibliothécaire et d'un directeur d'association socio-culturelle, la jeune femme n'est pas à proprement parler devenue indifférente à la sexualité, mais elle nourrit néanmoins une certaine réticence à son sujet. Célibataire revendiquée, elle ne tient pas à vivre de nouvelles expériences affectives et sexuelles à l'heure actuelle. « *Pour l'instant, je n'ai vraiment pas envie de ça…* », assure-t-elle. Assise en tailleur près de sa table basse, dans son studio situé dans une dépendance du jardin de son père en Seine-et-Marne, la jeune femme l'affirme avec fermeté : elle n'est jamais parvenue à s'identifier à cette génération supposée libre sexuellement comme on la dépeint souvent.

La dernière fois qu'un garçon l'a convoitée, elle a préféré couper court à toute discussion. Elle applique, dit-elle, ce même mode opératoire à chaque rapprochement avec le sexe opposé. Marquée par les commentaires qu'elle peut parfois recevoir de la part de jeunes de son âge, Inès dénonce une injonction à la sexualité au sein de la société. « *Quand tu dis que tu ne couches pas, on te demande toujours pourquoi. C'est un peu comme l'alcool en soirée, finalement. On va toujours questionner ce choix, mais pourquoi devoir se justifier sur quelque chose de si intime ?* » s'interroge-t-elle.

Au fond, Inès rêve d'une société où le sexe ne serait plus tant un sujet de discussion. « *Dans toutes les séries* *télé, le sexe est omniprésent,* déplore-t-elle. *On voit des scènes de sexe partout, mais elles n'apportent rien à l'intrigue. Je me souviens particulièrement de la série espagnole* Elite* *sur Netflix, où les personnages, qui sont encore au lycée, mènent déjà une vie sexuelle très active. Moi, à 16 ans, je n'avais aucun désir. Je fuyais le contact physique.* » Un point de vue loin d'être marginal selon une enquête du Center of Scholars and Storytellers de l'Université de Californie (UCLA) publiée en 2023, qui affirmait que 51,5 % des jeunes de 13 à 24 ans voudraient voir davantage d'histoires platoniques dans les fictions qui leur sont adressés. Difficile d'imaginer des séries pour ados comme *Sex Education* ou *Euphoria* sans une partie de jambes en l'air, et pourtant, les jeunes voudraient voir sur leurs écrans des vies qui ressemblent davantage à la leur. C'est aussi le message qui se cache derrière cette statistique.

La solitude choisie dont fait part Inès n'est donc pas un sentiment isolé. Son ressenti se mêle à celui de tant d'autres jeunes croisés ici et là, indépendamment de leur classe sociale, culture ou confession religieuse. Au-delà des convictions morales de chacun, il apparaît clairement qu'une « épidémie de solitude » amoureuse et sexuelle se dessine parmi cette génération dopée au porno. Face à cette réalité pleine de paradoxes, ces jeunes encore très confus n'hésitent pas à mettre des mots sur leurs maux. Beaucoup évoquent, à leur manière, une rupture avec le monde extérieur, une perte de repères, un sentiment de vide intérieur. Loin d'être anecdotique, ce phénomène difficile à cerner se déploie de façon rapide, comme l'ont déjà mis en lumière plusieurs études récentes [1]. Les yeux rivés sur leurs écrans, les jeunes sont comme noyés dans une mer d'amis virtuels et de matchs potentiels dont la plupart ne verront jamais le jour.

Le virtuel l'emporte sur le réel

Dans le sanctuaire de son cabinet, la sexologue et docteure en neurosciences Aurore Malet-Karas reçoit ainsi fréquemment des jeunes patients dont la vie sexuelle demeure en suspens. « *Ce que nous observons aujourd'hui, c'est une véritable transformation de la sexualité et des relations humaines sous l'influence du numérique*, explique-t-elle. *Les écrans, et en particulier l'accès à Internet, ont modifié en profondeur la façon dont les gens vivent leur intimité. On parle beaucoup de la pornographie, mais ce phénomène s'inscrit dans un contexte plus large : un rapport à l'information et à l'instantané qui remplace peu à peu l'interaction humaine. Cette jeune génération est en concurrence avec le numérique.* » La spécialiste marque une pause, avant de poursuivre son analyse : « *Ce qui est marquant, c'est que cette sexualité dématérialisée commence à s'immiscer dans les rapports humains. On a vu des cas où des individus choisissent de se masturber en utilisant des intelligences artificielles comme ChatGPT. Ce qui peut sembler*

1. En France, 62 % des jeunes de 18-24 ans se sentent régulièrement seuls, selon une étude de l'Ifop publiée en janvier 2024.

anecdotique cache en réalité une transformation profonde de notre rapport à l'intimité », ajoute-t-elle. L'usage excessif des écrans, qu'il s'agisse de pornographie, de jeux vidéo ou de réseaux sociaux, agit en effet comme une échappatoire à diverses difficultés émotionnelles et sociales, et au-delà de la perte de désir, cette forme d'isolement psychologique conduit à un désinvestissement des relations humaines.

Très lucide sur son propre sort, cette génération est étonnamment très consciente de ses travers. « *Je ne pense pas qu'on se rencontre grâce au numérique. Les gens disent souvent qu'on est plus seuls qu'avant et je trouve que c'est vrai. Moi, j'ai deux ou trois relations très proches, et c'est tout. Sur les applis de rencontres, on passe d'une personne à l'autre, on rencontre des gens sans les voir, et on finit pas être fatigués* », assène une jeune femme de 20 ans qui a capitulé dans sa quête de relations. Face à ce constat plutôt amer, ils ne sont pas rares à idéaliser une époque révolue, où les rencontres se faisaient dans la rue, au café, dans le métro ou au travail.

Le téléphone vissé à la main, Tristan évoque spontanément son addiction aux écrans comme première explication au désert sentimental qu'il traverse depuis maintenant deux ans. Le jeune homme de 20 ans issu d'un milieu populaire que je rencontre dans un café de Saint-Brieuc en Bretagne a toujours vécu dans des cités. La tignasse bouclée, une paire de lunettes sur le nez, ce garçon chétif et timide, étudiant en BTS vente, m'explique que la sexualité n'a jamais été « une priorité », et ce même à l'adolescence, où les hormones sont en ébullition. Il admet n'avoir eu que deux relations sexuelles et aucune relation stable.

Visiblement angoissé, il est aussi un ancien accro au porno et aux jeux vidéo, deux addictions dont il dit s'être sevré et qui ont débuté dans son souvenir au divorce de ses parents. « *C'était une période vraiment difficile sur le plan psychologique. J'étais souvent seul chez moi* », confie-t-il. Alors qu'il se retrouve livré à lui-même, le porno devient, à ses yeux, « une échappatoire ». « *Je pouvais en regarder tous les soirs, voire parfois même le matin avant d'aller en cours* », raconte-t-il. De même, il passait des heures à jouer aux jeux vidéo. Une façon pour lui de s'enfermer dans un cocon virtuel rassurant susceptible d'apaiser ses angoisses. Au sortir de l'adolescence, à 18 ans, il rencontrera une fille en colonie de vacances avec laquelle il vivra des relations intimes, avant de ne plus jamais chercher à renouveler l'expérience.

Son passé d'addict aux écrans derrière lui, le jeune homme n'en reste pas moins un pur produit de la génération Z. En cela, il fait partie de ces « adulescents » qui ne peuvent pas passer une minute sans leur téléphone à portée de main. « *Aujourd'hui, on est tous sur nos écrans*, observe-t-il lui-même. *Quand on est dehors, au resto, au bowling, il y a toujours l'écran entre nous et les autres… Même si on discute, on garde les yeux rivés dessus, prêts à se jeter sur la moindre notification.* » Bien conscient que ces habitudes peuvent constituer un frein aux relations sociales, il n'hésite pas à qualifier le téléphone de « drogue », évoquant même les décharges de dopamine que procure son utilisation sur le cerveau. « *Comme on est sursollicités, j'ai l'impression qu'on fait moins de rencontres*, analyse-t-il. *Mais la solitude reste toujours aussi mal vue, donc on s'entoure de manière artificielle. Ce qu'il faut bien avoir en tête, c'est que même une personne qui fait tout pour s'entourer reste toujours seule au milieu de la foule.* » Pas forcément isolé dans son abstinence, ce jeune homme ne compte pas beaucoup de personnes actives sexuellement dans son entourage, bien au contraire.

Quand l'enfer c'est les autres, pourquoi faire l'amour avec ?

Les mots sont lourds, mais ils jaillissent sans prévenir. Quand les jeunes rencontrés pour cette enquête tentent de mettre des mots sur leurs souffrances, les termes « dépression », « troubles anxieux », « idées noires » ou encore « difficulté à nouer des liens » sortent comme un aveu brutal. Parmi ceux que j'ai interrogés, ils sont 22 % à m'avoir révélé spontanément avoir traversé des épisodes dépressifs ou à estimer avoir été confrontés à des problèmes de santé mentale. En proie à une angoisse permanente, ils peinent de plus en plus à maintenir des relations sociales et *a fortiori* des liens amoureux. À les écouter, leur sentiment de déconnexion semble se renforcer chaque jour. Cette vulnérabilité, accompagnée de la prise d'antidépresseurs, ne tarde pas à affecter leur libido et leur envie de faire de nouvelles rencontres.

Quand l'enfer c'est les autres, comment imaginer en effet faire l'amour avec eux ? Fabrice par exemple, nourrit une grande anxiété sociale qui l'empêche, dit-il, de faire des rencontres. Ce déçu du *dating*, donc des rencontres amoureuses, confiait dans le chapitre précédent son sentiment d'isolement affectif sur un banc du parc des Buttes-Chaumont, à Paris. Dans sa façon de présenter les choses, il assume considérer le monde extérieur comme « un danger ». « *La solitude est confortable pour moi. Si je n'ai rien à faire dehors, je ne sors pas. Ça limite mes interactions avec les autres* », explique-t-il.

De son point de vue, les écrans lui procurent plus de satisfaction, à la fois sociale – il entretient une multitude de relations virtuelles – et sexuelle, grâce au porno encore une fois. Jamais, comme tant d'autres jeunes me l'ont confié avant lui, il n'a mis les pieds en boîte de nuit dans l'espoir de rencontrer quelqu'un. À son actif, il ne compte que deux rencontres intimes, toutes deux nouées par le biais de Tinder. D'un ton blasé, presque désabusé, il raconte ainsi quelques minutes dénuées de plaisir, où la gêne prend toute la place. « *Je n'ai pas exploré ma sexualité, mais je ne suis pas pressé* », dit-il, tranquille. Avant de conclure : « *Si ça doit arriver, ça arrivera.* » Depuis cinq ans, il traverse lui aussi un désert sentimental, sans ressentir aucune urgence à combler ce vide.

Le nouveau « péril jeune », la fin des amours adolescentes

Derrière les portes closes de nos établissements scolaires, un même constat s'impose : la solitude et les problèmes de santé mentale envahissent silencieusement les salles de classe. Chaque jour, c'est la même litanie qui résonne dans les infirmeries. Violaine Mangin, une jeune infirmière scolaire de 30 ans récemment affectée dans un lycée professionnel de 800 élèves à Rennes, me décrit une situation alarmante selon elle. En interlocutrice privilégiée des adolescents et des jeunes adultes, elle constate que ce spleen montant, déjà présent avant la crise sanitaire, s'est intensifié depuis.

Les gestes barrières imposés contre la Covid-19 ont-ils amorcé une forme de glacis sur les amours adolescentes ? Mme Mangin, comme beaucoup d'experts, considère que la crise sanitaire a surtout exacerbé des situations et agi comme un révélateur de troubles en germe depuis une quinzaine d'années. À commencer par les phénomènes de harcèlement scolaire, de plus en plus agressifs selon elle : « *Les jeunes que je peux voir en consultation sont nombreux à développer des phobies scolaires, ce qui les empêche d'aller en cours.* » Dans son ancien établissement de Nancy, où elle suivait 1 500 élèves, elle a recensé cinq cas de décrochage scolaire avérés après la crise sanitaire, sans compter tous ceux qui, malgré leur malaise, ont continué de fréquenter l'école. Et au mois de juin 2024, quand a lieu notre échange, elle comptabilisait 18 hospitalisations en urgence psychiatrique parmi les élèves de son nouvel établissement.

Aux yeux de Violaine Mangin, une autre conclusion s'impose : la découverte de la sexualité n'est plus une priorité pour beaucoup de jeunes élèves. Fini le temps où des adolescentes poussaient la porte de son infirmerie pour s'épancher sur leurs peines de cœur. « *Avant, des jeunes filles venaient régulièrement me poser des questions sur le couple. C'était le temps des premiers amours, rien de plus normal !* » Cette année, l'infirmière remarque également l'absence de demandes de contraception d'urgence, un phénomène inédit dans sa carrière. « *Quand on ne se sent pas bien dans sa tête et son corps, il est logique de ne pas vouloir aller vers l'autre* », lance-t-elle.

L'angoisse de l'avenir, exacerbée par les crises économiques, géopolitiques et environnementales, est présente dans les peurs qui lui sont rapportées en consultation. Un phénomène de « perte de repères », selon l'infirmière, qui ne cesse de s'accroître. « *Les jeunes baignent constamment dans un flot d'informations et ne savent plus faire le tri.* » Mme Mangin se souvient particulièrement de ces jeunes qui, au début de la guerre en Ukraine en 2022, s'inquiétaient auprès d'elle de la possible extension du conflit en France.

Cette incapacité à envisager un avenir se traduit aussi par un refus grandissant de la parentalité. En effet, 34 % des jeunes que j'ai pu interroger ont déclaré ne pas vouloir d'enfants, citant souvent la crise climatique ou, pour les jeunes femmes, la peur de voir leur corps transformé. « *Effectivement, je ne veux pas avoir d'enfants plus tard. Je me rends compte que l'avenir de la planète est pour beaucoup dans ce choix* », me décrète d'emblée un jeune homme de 21 ans, originaire de Charentes-Maritimes, qui semble assez désillusionné.

Peu optimiste quant à l'avenir du monde, cette « génération no kids » peine à se projeter, ne trouvant plus foi dans l'image de la famille conventionnelle. « *Actuellement, je suis en train de remettre complètement en question ma croyance en l'amour et le couple. Et pour moi, les enfants sont inévitablement liés à la conjugalité* », explique ce même jeune homme dont les parents viennent fraîchement de divorcer et qui peine à croire en un amour conjugal stable. Au-delà du retrait de la sexualité qui se dessine subrepticement, c'est aussi le relationnel qui est donc touché en plein cœur.

De la cour d'école aux universités, le sentiment est le même : ces crises successives façonnent les désirs, ou, plus souvent, l'absence de désirs. Nombre de jeunes ont aussi du mal à s'envisager dans une société qui semble, chaque jour davantage, se déchirer. Le malaise dépasse largement les seules considérations géopolitiques : il s'enracine également dans la précarité croissante qui frappe aussi cette génération. Aujourd'hui, les jeunes peinent en effet à se loger et même à trouver un emploi stable. La sexologue Aurore

Malet-Karas m'affirmait à ce propos, en guise d'analyse, que « *l'histoire a montré maintes fois que, lorsque l'économie vacille, les mœurs se referment* ».

J'ai pu également constater de mes propres yeux qu'un nombre significatif de jeunes adultes continuent effectivement de vivre chez leurs parents, souvent malgré eux. Entre 2013 et 2020, le nombre d'adultes vivant chez leurs parents a bondi de 4,67 millions à 4,92 millions [1], avec une hausse marquée chez les 18-24 ans. La faute au contexte économique, mais aussi aux études plus longues qui les obligent souvent à rester chez papa et maman. Un contexte économique défavorable, mais aussi des études prolongées donc, qui contraignent à rester sous le toit familial. Cette indépendance retardée a un impact direct sur leur vie sentimentale : le passage à la vie conjugale, au sens de la mise en ménage, est forcément décalé. Si cela ne les empêche pas de vivre des histoires d'amour, cela limite indéniablement les opportunités sexuelles.

Privés d'intimité, ces « Tanguy* » en herbe voient leurs chances de mener une vie affective et sexuelle se réduire à peau de chagrin. Résultat : moins de rapports sexuels, plus de solitude. Nous sommes bien loin de la légèreté des aventures de Romain Duris et de sa bande de joyeux colocataires dans *L'Auberge espagnole* de Cédric Klapisch, au début des années 2000.

1. Fondation pour le logement, chiffres sur les majeurs hébergés chez leurs parents issus de l'exploitation des Enquêtes nationales logement (ENL) 2013 et 2020 de l'Insee

Souvenirs mémorables de soirées dans les boîtes de nuit barcelonaises, où les corps se déhanchaient au rythme de l'air entêtant du morceau *Aerodynamic* des Daft Punk. Entre insouciance et liberté, les expériences amoureuses se succédaient alors au fil des rencontres, sans angoisse et au présent.

Les filles disent « stop » aux violences

Derrière le malaise sexuel s'en cache un autre plus profond qui touche cette fois aux relations entre les sexes. Pour expliquer au mieux cette équation amoureuse complexe, il ne faut pas sous-estimer l'importance du mouvement #MeToo, qui revient en boucle tant il semble avoir redéfini les relations entre garçons et filles au sein de la génération Z. Avec des jeunes femmes toujours plus féministes et des jeunes hommes toujours plus sexistes, un fossé idéologique se creuse inévitablement. C'est en tout cas le constat du dernier rapport annuel du Haut Conseil à l'Égalité entre les femmes et les hommes qui soulignait, en janvier 2025, comme l'année précédente, une forte polarisation des opinions. Des oppositions idéologiques qui peuvent aussi expliquer, en partie, cette mise à distance du relationnel, selon la sexologue Aurore Malet-Karas. « *Si on ne se rencontre pas sur des idées et des valeurs communes, on ne se rencontre pas tout court* », rappelle-t-elle notamment.

Léa incarne parfaitement ce cheminement. Étudiante en philosophie de 20 ans, elle est l'une de ces jeunes femmes que je rencontre en plein cœur de mon enquête. Installée en terrasse d'un café du 5e arrondissement de Paris, la jolie blonde affiche un look de « bonne élève », avec ses lunettes rondes sur le nez et son sac d'écolière posé à ses pieds. Elle me confie ses réflexions sur les garçons, sur cette succession de rencontres où l'un chasse l'autre. Elle m'explique notamment que depuis ses 12 ans, elle a enchaîné les petits copains. Lors de notre rencontre, elle est encore en pleine interrogation sur son besoin de validation masculine, sur la violence qu'elle perçoit dans les relations hétérosexuelles. Elle hésite, oscille. Et c'est là, dans cet entre-deux, que se joue le combat de toute une génération – celui qu'elle mène en même temps que d'autres jeunes femmes qui me racontent toujours cette même colère diffuse envers les hommes de leur âge.

Quelques mois plus tard, elle m'a écrit un long message pour m'annoncer sa décision de rompre avec son partenaire du moment, qu'elle jugeait « trop hétéronormé ». Au cours de cet échange, elle a ainsi partagé ce qu'elle vivait alors comme une profonde transformation. « *J'ai beaucoup réfléchi à notre entretien, et mon rapport à la sexualité a radicalement changé*, m'écrit-elle en préambule. *J'ai arrêté de voir le garçon avec lequel j'avais une relation, celui qui était trop hétéronormé, et je me suis lancée dans un travail de déconstruction.* » Première nouvelle : elle refuse désormais tout rapport de séduction, de peur de vivre de nouveau des situations de violences qu'elle associe à l'hétérosexualité. Pour elle, c'en est donc fini des hommes, au moins pour l'instant.

Profondément déçue, elle me confie : « *Je crois que les relations amoureuses sont une pure perte de temps.* » En l'espace de dix ans, c'est la première fois qu'elle est célibataire. Alors pour elle, c'est une petite révolution. Malgré tout, cela n'a rien à voir avec un désintérêt formel quant à la sexualité, car elle l'admet volontiers : elle a toujours séparé la sexualité solitaire de celle vécue avec une autre personne. « *Je n'ai pas vraiment de baisse de libido* », précise-t-elle. Preuve que ce n'est pas tant le sexuel pur qui est touché, mais bien le relationnel. « Le sexe fait plus mal qu'il ne libère, et peut coûter bien plus qu'il ne rapporte », semblent penser toutes ces jeunes femmes qui, comme Esther, ont choisi de se mettre en retrait des jeux amoureux.

Pour en arriver à cette conclusion, toutes n'ont pas emprunté le même chemin. D'un côté, il y a celles qui ont appris, parfois douloureusement, les limites du consentement. Elles ont vécu l'effervescence d'une sexualité dite « libérée », sans toujours mesurer les enjeux émotionnels et psychologiques qui en découlent. Aujourd'hui, elles cherchent à reconstruire une relation plus saine avec leur sexualité. De l'autre, il y a celles qui, dès le départ, ont ressenti l'angoisse face à ces violences potentielles, et ce avant même de les vivre. Elles ont ainsi ajusté leurs rapports avec les hommes en conséquence, notamment en installant de la distance sur le plan sexuel. Toutes ces trajectoires ont toutefois un point commun : l'image de la sexualité telle qu'on la leur a transmise n'est pas ressentie comme un terrain d'épanouissement, bien au contraire, et ce même quand garçons et filles parviennent à s'aimer.

Quand l'amour est platonique

Être amoureux sans avoir une sexualité régulière n'est pas un drame, et ces jeunes ont raison de le rappeler. La plupart des couples interrogés pour cette enquête sont tout bonnement incapables de donner une fréquence à leurs rapports sexuels. « *Notre sexualité dépend de tellement de facteurs différents : que ce soit de notre charge de travail dans nos études, de notre niveau de stress du moment ou même de notre santé mentale aussi* », me répond une jeune femme lesbienne de 20 ans en toute sincérité. Autrement dit, il n'existe pour eux aucun impératif, aucune routine qui puisse justifier de culpabiliser son ou sa partenaire de ne pas avoir envie de faire l'amour. Certains peuvent même passer un, deux, voire trois mois sans avoir de relations sexuelles, selon leurs récits. D'autres encore se disent même complètement abstinents et ne basent aucunement leur complicité sur leur attraction physique.

L'amour sans désir n'a rien à envier aux autres. Cédric, 20 ans, fait partie de ces jeunes qui vivent pleinement ce qui nous apparaît encore trop souvent comme une contradiction amoureuse. Le jour où je fais sa connaissance, à quelques pas du Centre Pompidou à Paris, j'aperçois ce jeune homme au look de rappeur, tresses afros et lunettes sur le nez. Originaire de Seine-Saint-Denis, l'étudiant en économie qui rêve de percer dans la musique dégage une allure qui pourrait évoquer un séducteur, mais en réalité, c'est un tout autre personnage qui se présente. En l'écoutant, je comprends qu'il est sincèrement amoureux de sa copine, mais qu'il n'éprouve que très peu de désir physique, que ce soit pour elle ou pour quiconque. « *Avec ma copine actuelle, cela fait six mois qu'on est ensemble,* précise-t-il. *Globalement, cela se passe plutôt bien mais nous n'avons pas de rapports sexuels. Au début de notre relation, on faisait des "trucs", mais on n'allait jamais jusqu'à la pénétration… Et puis un jour, on a complètement arrêté d'avoir des rapports et je dois dire que cela me convient* », confie-t-il. En clair, la relation de Cédric et de sa copine est résolument platonique, ce qui n'enlève rien à la force de leurs sentiments.

Frôlant l'asexualité, le jeune homme ne nourrit aucune curiosité pour le sexe, au point même où il lui est arrivé de ne pas se masturber pendant de longues périodes. « *Une nuit, j'ai vécu ce qu'on appelle une pollution nocturne**. *En fait, c'est une éjaculation qui se produit pendant le sommeil. Alors, j'ai continué à me masturber de façon mécanique pour éviter ce genre de situations assez gênantes* », explique-t-il, grimaçant. En réalité, les émissions nocturnes ne seraient pas nécessairement liées à l'abstinence, comme le croit Cédric, mais plutôt à un rapport contrarié à la sexualité. Lui qui, longtemps, se sentait obligé d'avoir des rapports sexuels dans ses relations de couple a récemment pris le parti de se dire qu'il n'avait aucune raison de se forcer. Encore très gêné à l'idée d'évoquer ce sujet, Cédric a toujours beaucoup de mal à assumer ces dysfonctionnements de libido même face à ses amis, ce qui prouve le chemin qui reste à parcourir même au sein d'une génération supposée ouverte d'esprit sur la question. « *Le fait de ne pas être à l'aise avec ma sexualité me met tout de même une pression. Mon corps ne répond pas toujours comme je voudrais mais j'apprends à l'accepter* », confie-t-il. À chaque tentative, Cédric a toujours eu du mal à avoir une érection, ce qui lui a parfois valu des moqueries des autres filles qu'il a fréquentées par le passé. Résilient, il n'exprime aujourd'hui aucune frustration apparente face à cette absence de désir et préfère se ranger derrière une définition du couple qui ne soit pas restrictive.

Bombardés d'injonctions tout au long de leur adolescence, les garçons hétéros acceptent peu à peu de ne pas être les « bêtes de sexe » espérées. Et de leur côté, les filles déconstruisent aussi pour certaines l'image d'un homme toujours vaillant pendant l'acte sexuel. « *Parfois, cela m'arrive de ne pas avoir d'érection et ma copine ne me juge pas. Face à ceux qui disent qu'il faut absolument faire l'amour une fois par semaine, je préfère ne pas m'imposer de règles dans mon couple et je trouve cela très libérateur* », détaille un jeune homme hétérosexuel de 24 ans qui pensait autrefois que la sexualité était « le ciment du couple ».

Chapitre 9

Trans, non-binaire : une jeunesse en transition

La grande question qui commence à irriguer une partie de la jeunesse concerne moins le sexe que l'identité et le genre. Femme ? Homme ? Ni l'un, ni l'autre ? Aujourd'hui, on fait donc une différence entre le sexe biologique et le genre, qui est perçu comme une construction sociale et culturelle. Le genre est un concept issu des sciences humaines et sociales visant à affirmer l'importance de l'environnement dans la construction de l'identité sexuelle de chacun. Cette « théorie du genre », comme on la surnomme, a donné naissance à de nouvelles identités (cisgenre*, transgenre*, non-binaire*, gender fluid*, bigenre*, pangenre*, agenre*…) qui défient les normes biologiques et ouvrent de nouvelles voies. Le phénomène est certes minoritaire, mais il commence à exister dans les mentalités, et ceux qui ne se sentent pas à l'aise avec le sexe qui leur a été attribué à la naissance s'autorisent aujourd'hui à entamer une transition de genre bien plus jeunes que leurs aînés. C'est en tout cas ce que j'ai pu constater dans quelques entretiens avec des jeunes transgenres, dont l'identité de genre ne correspond pas à celle qui leur a été assignée à la naissance ; des personnes non-binaires, qui ne s'identifient ni exclusivement homme, ni exclusivement femme ; et des personnes gender-fluid, dont l'identité de genre fluctue selon les contextes. Tous assument aujourd'hui une identité qui échappe aux « cases établies ».

En la matière, les chiffres ne sont pas vertigineux, mais ils témoignent tout de même d'une évolution significative dans cette frange de la population. Au fil de cette enquête, je suis allée à la rencontre de deux personnes transgenres, deux personnes non-binaires et une personne gender-fluid pour tenter de cerner ces nouvelles identités. « *Si je devais me définir, je dirais "je ne sais pas"* », me répond, un peu confuse, une personne non-binaire de 25 ans. Chaque fois, les jeunes qui s'interrogent appartiennent déjà à des minorités sexuelles (gays, lesbiennes, bisexuels, pansexuels…) quand ils entament leur questionnement. Leur transition de genre s'inscrit ainsi dans un aboutissement, une affirmation de soi qui passe d'abord par un coming out en lien avec leur sexualité, puis avec leur identité de genre. Bien conscients de faire bouger les lignes, ils revendiquent cette nouvelle perception des identités et le vivent comme un progrès : « *On est bien plus ouverts à ces questions que ne l'étaient nos parents. Pour eux, il y avait peut-être la transidentité à la limite, mais cela s'arrêtait là… Aujourd'hui, on peut parler de non-binarité**, par exemple… Et c'est la même chose pour la sexualité, où les possibilités s'agrandissent* », analyse une gender-fluid de 24 ans. En 2023, une enquête Ipsos [1] réalisée dans

1. Ipsos, « LGBT+ Pride 2023 ».

30 pays révélait qu'en France, 11 % des Gen Z appartenaient à une minorité de genre, contre 1 % de la génération X et 0 % des baby-boomers.

Avec cette nouvelle théorie du genre, une pléiade de termes sont apparus pour exprimer ces nombreuses nuances supplémentaires autour du genre : « cisgenre » qui correspond au sexe assigné à la naissance, « bigenre » qui correspond à une personne comprise entre deux genres, « intergenre » qui correspond à une personne qui se situe entre le masculin et le féminin, « agenre » qui traduit une absence de genre et enfin « pangenre » qui désigne une personne qui inclut tous les genres. À cela s'ajoute l'émergence de pronoms associés à toutes ces identités qui sont venus abolir la binarité traditionnelle du « il » et du « elle ».

Aujourd'hui, un jeune qui ne se sent pas en adéquation avec son identité de genre peut suggérer à son entourage des alternatives au masculin et féminin grâce à des pronoms neutres comme « iel », « ul », « ol », « ele », « ille » … En règle générale, ces pronoms neutres s'inscrivent dans une démarche d'écriture inclusive, où le point médian inclue les deux genres en un seul mot.

Une personne non-binaire, donc qui ne s'identifie pas comme strictement homme ou femme, ou qui oscille entre l'un et l'autre, dire ainsi qu'« iel est amoureux.se », par exemple.

Dis-moi tes pronoms, je te dirai qui tu es…

En plein été, je sonne à la porte de Damian, 20 ans, contacté via les réseaux sociaux et qui vit à Bordeaux, dans le Sud-Ouest. Sur son interphone, je constate que figure encore un prénom féminin que je ne connais pas. Il s'agit de son « deadname » (littéralement « nom mort » en anglais), soit le prénom que ses parents lui ont attribué à la naissance, quand cette jeune personne était encore considérée socialement comme une fille. En l'occurrence, le prénom mentionné dans ce livre a été inventé. Sur son profil Instagram sont indiqués les pronoms neutres anglais « they » et « them », afin de faire savoir comment il souhaite être désigné – de fait, « they » est désormais employé en anglais en tant que pronom non genré, et entré en tant que tel dans le dictionnaire américain Merriam-Webster. En français, l'équivalent est « iel ». Avec cette précision, Damian signifie au monde sa non-binarité, donc le fait qu'il se reconnaît parfois dans le masculin dans son cas, et d'autres fois dans aucun des deux genres.

En entrant dans son petit appartement niché sous les combles, je retrouve l'ambiance d'un atelier d'artiste, avec des posters de films partout sur les murs. Damian me reçoit, souriant. Sa voix fluette et ses traits fins pourraient m'inciter à dire « elle », mais je veille à bien utiliser « iel » ou « il », qui sont les pronoms qu'il a choisis [1]. Paradoxalement, Damian qui refuse en bloc

1. Afin de respecter le genre dans lequel Damian se reconnaît, les passages qui le concernent auraient pu être écrits en

le féminin se dit aussi lesbienne, n'en déplaise à la bonne vieille grammaire française. En fond sonore, ce jour-là, on entend le dernier album de la chanteuse américaine Billie Eilish, icône de la génération Z et symbole queer revendiqué depuis la médiatisation de son attirance pour les femmes. Les paroles de sa dernière chanson, la très sarcastique *Lunch* (« Déjeuner » en français), qui décrit de manière appuyée un rapport sexuel lesbien, passe en boucle sur le tourne-disque. L'ambiance est posée d'emblée.

Avant d'emménager dans le Sud pour entamer des études de philosophie à l'université, Damian a grandi dans la ville de Niort, dans les Deux-Sèvres, où son militantisme pour la cause LGBTQIA+ a commencé au collège. C'est à cette période qu'il comprend rapidement qu'il n'est pas hétérosexuel et fait son coming out bisexuel, puis lesbien. Il avait 12 ans. En tailleur sur son tapis persan, fumant cigarette sur cigarette, Damian tente de mettre des mots avec pudeur sur ce ressenti qui le pousse à se dire ni homme, ni femme. « *Moi, je ne me sens rien du tout en fait,* avance-t-il. *Sur un curseur entre le masculin et le féminin, je suis complètement en dehors. La plupart du temps, je suis soit dans le neutre, soit dans le masculin. Certainement parce que dans cette société patriarcale, le masculin est perçu comme neutre.* »

écriture inclusive avec le pronom "iel". Toutefois, par souci d'homogénéité avec le reste du livre qui n'est pas rédigé en écriture inclusive, je l'ai, avec son accord, genré au masculin, comme cela lui arrive souvent dans d'autres circonstances de sa vie quotidienne.

Mal dans sa peau à l'adolescence, Damian a souffert de dysphorie de genre. Ce terme, encore peu connu, désigne le malaise profond ressenti par les personnes qui se sentent en inadéquation avec leur sexe. À l'époque, Damian rejette son corps et ses attributs féminins, qu'il exècre. « *Je portais des pulls larges et je passais mon temps à tirer sur mes T-shirts pour dissimuler ma poitrine. Ce n'était pas à cause du regard des garçons, c'était simplement que je ne supportais pas ce corps.* » Une seule obsession le hantait alors : mincir coûte que coûte, jusqu'à ce qu'il parvienne à adopter une apparence le plus androgyne possible. Cette gêne profonde quant à son identité de genre le fait ainsi basculer dans des troubles alimentaires. En classe de terminale, Damian a développé une forme d'anorexie sévère. « *Je ne mangeais quasiment plus et je me shootais au sport* », témoigne-t-il.

À cette époque, la découverte de la notion de « non-binarité » sur les réseaux sociaux, et plus particulièrement sur Twitter, agit comme un véritable « déclic ». Ce concept, qui consiste à se désidentifier à la fois du genre masculin et du genre féminin ou bien de s'identifier tantôt à l'un, tantôt à l'autre, réveille quelque chose de profond chez Damian. En faisant des recherches sur le sujet, il est tombé sur une bande dessinée en ligne dans laquelle le héros, queer et bisexuel, se définit comme tel. Une phrase du livre l'a particulièrement marqué : « *Je pensais qu'une fois que j'aurais découvert ma sexualité, tout serait réglé... Mais la question du genre est apparue.* » Cette citation lui a fait soudainement comprendre que son coming out lesbien ne l'avait en aucun cas libéré. C'était l'affirmation de sa non-binarité qui lui permettrait d'exprimer aux yeux du monde sa véritable personnalité. En 2020, à la fin du confinement, Damian a donc fait son coming out « non-binaire » auprès de ses amis.

« C'est une transition d'être, une réconciliation avec soi-même »

Quelque part, sa non-binarité a plus d'importance que son identité lesbienne. « *Le genre touche à l'essence même de ce que tu es. Je me sens plus vulnérable en révélant que je suis non-binaire que lorsque je dis que je suis lesbienne.* » Au lycée, la réaction de ses proches amis a été très positive ; certains l'aideront même à trouver son nouveau prénom. Malgré quelques appréhensions, ses parents accepteront aussi son choix et l'appelleront désormais par un autre prénom que celui qu'ils avaient choisi. « *Ma mère s'est beaucoup renseignée en regardant des documentaires sur le sujet pour mieux comprendre ma démarche. Mon père, lui, peut parfois me "mégenrer" sans faire exprès, mais je comprends que ce soit difficile à intégrer pour lui, donc je pardonne* », explique Damian. Le terme « mégenrer » désigne le fait d'attribuer à une personne un genre qui ne correspond pas à son ressenti, de manière involontaire ou irrespectueuse.

Très récemment, quelques semaines avant notre entretien, le nouveau prénom de Damian a enfin été reconnu à l'état civil, quatre ans après son coming out non-binaire. Quelques mois plus tôt, en 2024, il avait entamé les démarches administratives. Et c'est aujourd'hui chose faite : aux yeux de la loi, Damian est officiellement Damian. « *Ce n'est pas juste une transition de corps, c'est une transition d'être, une réconciliation avec soi-même* », confie l'intéressé. Plus qu'une simple formalité administrative, ce changement officiel a marqué une libération, une renaissance pour lui. En France, le genre neutre n'est pas reconnu, contrairement à ce qui est en vigueur dans des pays européens comme l'Allemagne, les Pays-Bas et Malte, où il est possible d'indiquer sur ses papiers d'identité qu'on ne se sent « ni homme ni femme ». C'est pourquoi Damian a conservé la mention « sexe féminin » sur sa carte d'identité. Depuis quatre ans, il est en couple avec une jeune femme transgenre.

Partant de leurs interrogations identitaires, ces jeunes qui se sentent concernés par les questions de genre en viennent à redéfinir leur place dans la société, en faisant dans un premier temps, comme Damian, une transition sociale. Cette démarche consiste à adapter sa vie quotidienne en fonction de l'identité de genre ressentie, souvent en modifiant son prénom, ses pronoms, ou encore son style vestimentaire. Une étape qui peut inclure des démarches administratives visant à faire reconnaître cette nouvelle identité par l'État. En France, la modification du sexe à l'état civil a longtemps été soumis à des conditions strictes, jusqu'à la parution d'une circulaire du ministère de la Justice en

2010 levant l'obligation d'interventions chirurgicales ou de stérilisation. Depuis 2016, ces démarches peuvent se faire directement en mairie. Être trans ou non-binaire n'induit pas obligatoirement une transition médicale, bien que cela reste une étape importante pour certains. Elle peut inclure des traitements hormonaux, comme la prise de testostérone ou d'œstrogènes, visant à modifier des caractéristiques physiques. Parfois, elle passe aussi par des interventions chirurgicales, comme la chirurgie de réassignation sexuelle, qui consiste à modifier les organes génitaux, ou la mastectomie, qui consiste à retirer les seins.

La transition médicale a été une étape importante dans la vie de Mathilda. Cette jeune femme transgenre et lesbienne de 24 ans m'accueille, en compagnie de sa petite amie, dans leur appartement de Montpellier. En buvant une tasse de café, j'observe cette jeune vendeuse en boulangerie dont la longue chevelure bouclée tombe en cascade sur ses épaules. Son visage fin est souligné par une paire de lunettes qui lui donne un air à la fois sérieux et timide. Très mince, Mathilda confie avoir connu de nombreuses transformations physiques depuis qu'elle a débuté son traitement hormonal prescrit par un endocrinologue, il y a un an, visant à faire disparaître toute testostérone de son corps. L'apport en œstrogènes, lui, a modifié son apparence physique. Au fil des mois, elle a vu peu à peu ses seins pousser, ses traits s'affiner, sa peau s'adoucir, son odeur corporelle changer, ses cheveux devenir plus soyeux... Elle a aussi entendu les clients de sa boulangerie l'appeler progressivement « Madame ». « *J'accepte enfin de soutenir mon propre regard dans la glace* », explique-t-elle en grimaçant. La prise de médicaments a néanmoins un impact certain sur sa libido.

La traduction d'un nouveau rapport à l'intime

Le lien entre la sexualité et cette nouvelle reconfiguration des identités n'est pas forcément des plus explicites au premier abord, mais cette dernière éclaire les nouvelles façons d'aborder l'intime chez une partie de cette jeune génération. « *La manière dont on se définit va forcément déterminer ce qui va se passer dans nos relations intimes* », note une personne non-binaire qui me parle d'emblée de son identité plutôt que de sa sexualité en début d'entretien.

De son côté, le sociologue Arnaud Alessandrin, qui se consacre aux questions LGBTQIA+, explique que beaucoup de jeunes transgenres explorent leur identité de genre à travers des pratiques sexuelles. « *Un individu né avec un corps masculin peut, par exemple, s'adonner à des comportements dits féminins dans sa sexualité pour expérimenter son rapport au genre,* explique-t-il. *Cette dynamique se retrouve également au sein de la communauté homosexuelle, où les pratiques sexuelles s'inscrivent souvent dans des cadres genrés très stéréotypés. Certains gays revendiquent alors une identité résolument féminine, tandis que d'autres se définissent par une masculinité exacerbée. Sur le plan social, des passerelles se dessinent alors entre orientation sexuelle et identité de genre, brouillant des frontières qu'on pensait jusqu'ici rigides.* »

Très concrètement, la reconfiguration du genre entraîne une redéfinition des désirs et des attirances, ce que manifeste l'essor de termes comme « pansexuel » ou « demisexuel », qui désignent des orientations sexuelles davantage centrées sur la personne que sur son genre. Autrement dit, l'attirance n'est ici pas exclusivement influencée par le genre de quelqu'un, mais peut être motivée par d'autres aspects comme la personnalité, les émotions. Par exemple, une personne pansexuelle peut être attirée par quelqu'un indépendamment de son genre, tandis qu'une personne demisexuelle, elle, peut ressentir de l'attirance pour quelqu'un seulement après avoir établi un lien émotionnel avec l'autre. Dans cette jeunesse LGBTQIA+, les attirances ne sont plus figées et évoluent, tout comme le genre, qui n'est plus une notion rigide. « *Honnêtement, peut-être qu'un jour, je tomberai amoureuse d'une personne transgenre* », suppose une jeune femme de 19 ans ouverte sur la question et qui refuse de se coller une étiquette.

Cette nouvelle relation au genre remet en question les conceptions traditionnelles de la sexualité. Car les jeunes trans et non-binaires se positionnent dans leurs relations affectives et sexuelles de manière radicalement différente des hétéros, quitte à parfois explorer une sexualité plus libre, ou en tout cas nettement détachée des normes. Par exemple, la pénétration est rarement, voire jamais pratiquée, au profit du sexe non pénétratif. « *Avec ma copine, on se demande tout le temps si on veut avoir un rapport et cela peut arriver plein de fois que ce ne soit pas le cas, et c'est très bien aussi* », pointe une de ces jeunes personnes.

Autrement dit, il n'y a aucune obligation à avoir des relations sexuelles, tout comme il n'existe pas de fréquence imposée. La pression sociale habituellement observée n'existe pas dans ces couples. La sexualité, qui est souvent une source de tourments à leur âge, n'est qu'un sujet parmi d'autres et ne semble pas être une obsession. Parmi les 50 jeunes interrogés, les cinq qui s'identifient comme faisant partie d'une minorité de genre sont probablement ceux qui se distancient le plus de la sexualité. Un phénomène régulièrement observé par Arnaud Alessandrin, qui propose à cette analyse : « *Cette identité de genre induit nécessairement une relation différente à soi-même, avec des répercussions sur la sexualité, suscitant une multitude de questionnements au moment d'envisager un rapport sexuel. Comment est-ce que je me présente face à mon partenaire ? Comment est-ce que je m'envisage ?* »

Un désir brouillé par leurs corps en transition

Encore très dubitatif quant à l'image qu'il renvoie dans la glace, Romain, qui souhaite conserver son anonymat, me confie immédiatement toute l'angoisse que signifie pour lui la sexualité. Assis en face de moi dans un café parisien, ce jeune homme trans de 21 ans, originaire de Menton dans les Alpes-Maritimes, me raconte un long chemin d'acceptation avant d'en arriver à assumer sa nouvelle identité de genre. « *J'ai mis un an environ à faire ce chemin. Puis cela m'a pris deux ans pour que je me voie comme un mec, et que je commence à transitionner* », raconte celui qui a également souffert de dysphorie de genre et de troubles alimentaires plus jeune.

La sexualité n'est pas une fin en soi quand le corps n'est pas à l'image de ce que l'on voudrait, et c'est aussi ce que me racontent ces jeunes. « *Forcément, quand on n'aime pas son reflet dans le miroir, on ne veut surtout pas être à poil devant quelqu'un* », résume Romain, un brin gêné. Quand il lui arrive de se connecter sur Grindr, Romain ne sait jamais vraiment comment se présenter dans ces nouvelles rencontres virtuelles. « *Est-ce que c'est moi qui dois faire le garçon ? Ou est-ce que c'est mon partenaire qui doit endosser ce rôle ?* » se demande-t-il, un peu perplexe. La transidentité brouille les codes habituellement en place, et l'absence de rôles établis peut parfois dérouter. Pour couper court à tous ces doutes qui s'entrechoquent dans sa tête, Romain n'envisage plus grand-chose d'un point de vue sexuel pour le moment et préfère privilégier ses relations amicales.

Avec la prise de testostérone, sa voix est devenue plus grave et des changements physiques sont intervenus même au niveau de son anatomie, au point de le désarçonner dans son intimité. Si on ajoute à cela une libido en berne en raison d'une prise régulière d'anxiolytiques et d'antidépresseurs, on comprend que la sexualité ne soit pas un domaine qui le mette forcément à l'aise. Devant ce corps encore en mutation, il s'agit avant tout de pouvoir l'apprivoiser avant de le soumettre au regard de l'autre.

Leurs relations n'étant pas purement sexuelles, certains en viennent à définir leurs attirances autrement. Une personne trans qui ne se sent pas bien dans son corps peut très bien avoir une relation amoureuse sans avoir pour autant de relations sexuelles, ce qui fera d'elle une personne « hétéroromantique » ou « homoromantique », selon le nouveau lexique LGBTQIA+. Ce besoin de romantisme plus que de sexualité étreint avec forces ces jeunes queers, qui nourrissent presque toujours une vision négative de la sexualité hétéro telle qu'elle leur a été transmise. « *Le sexe, c'est aussi la culture du viol, le patriarcat* », pointe une jeune femme trans pour expliquer cette méfiance.

Pris pour cible, même au sein de leur génération

En dehors de leur bulle algorithmique sur les réseaux sociaux, les jeunes appartenant à une minorité de genre subissent de nombreuses discriminations au quotidien, y compris au sein de leur génération. À ce titre, Mathilda, Damian, Romain et les autres suivent de près l'actualité relative à leur communauté. La transphobie est l'une de leurs grandes angoisses quotidiennes, alors que l'extrême droite mondiale est en train de faire de la transidentité son bouc émissaire. En mai 2024, l'association SOS Homophobie dévoilait son dernier rapport, mettant en lumière une augmentation des violences contre les personnes LGBTQIA+. Parmi les 2 377 cas de discriminations recensés en 2023, 21 % visaient des personnes trans. L'association dénonçait une « vague de transphobie », alors qu'au même moment une proposition de loi des Républicains visant à interdire les transitions chez les mineurs transgenres était adoptée au Sénat.

C'est dans ce climat tendu et confus qu'un livre polémique, *Transmania*[1], a vu le jour. Un livre rédigé par deux anciennes féministes, Dora Moutot et Marguerite Stern, où elles dénoncent les dangers d'une nouvelle « idéologie trans ». Après sa parution, le livre a été qualifié de « haineux » par une tribune publiée en avril 2024 signée par 800 personnalités publiques et collectifs dans l'hebdomadaire *Politis*. « *Les réactionnaires cherchent à installer dans le débat public l'idée que les personnes trans sont un danger : pour les enfants, pour la société et pour elles-mêmes* », accusaient les signataires. Parmi eux, l'association SOS Homophobie, qui a porté plainte le 20 avril 2024 contre les deux autrices. Dans l'un de ses derniers tweets, publié le 1er octobre de la même année, Marguerite Stern écrivait : « *Une personne qui demande à un chirurgien de*

1. Éditions Magnus, 2024.

lui couper un bras devrait être envoyée en psychiatrie, pas au bloc opératoire. C'est la même chose pour celles qui demandent une ablation de leurs organes génitaux. La castration n'est pas un soin médical. »

La polarisation autour de l'identité de genre touche également cette jeunesse réputée ouverte d'esprit. Brosser le portrait d'une génération Z totalement ouverte aux enjeux de la communauté LGBTQIA+ serait exagéré, car parmi ceux qui y sont moins sensibles, il existe parfois une certaine incompréhension face à ces nouvelles identités, bien que le sujet soit la plupart du temps abordé avec énormément de prudence. Chacun est conscient de la polémique qui entoure la question et des conflits qui peuvent en découler. « *J'ai du mal avec la question de la transidentité… Pour moi, dire qu'un homme peut devenir une femme, c'est une aberration d'un point de vue biologique* », m'explique, presque désolé, un jeune technicien de laboratoire de 24 ans originaire du Lot. Dans sa vie professionnelle, il s'est déjà retrouvé face à une personne qui, de son point de vue, ressemblait à un garçon mais se disait femme. « *Pour moi, le genre n'est pas une question de ressenti* », ajoute-t-il. D'autres, tout en trouvant très positif que chacun puisse affirmer son identité, concèdent être parfois un peu « perdus » face à la prolifération de nouvelles terminologies qui viennent abolir les repères structurants que symbolisent le masculin et le féminin. « *Même moi qui fais partie de cette génération, je peux comprendre que nos parents et grands-parents ne comprennent rien à tout ça* », reconnaît une jeune femme de 20 ans bisexuelle.

L'abolition des cases du genre continue malgré tout de séduire ces jeunes. « *Cette génération Z va rebattre les cartes sur des principes classiques que nous avons bâti communément des années 1970 aux années 2000, comme la parité, les politiques d'égalité entre les femmes et les hommes ou bien les pratiques sexuelles* », professe le sociologue du genre Arnaud Alessandrin.

L'effet de masse est toutefois à relativiser. En dehors de la poignée de jeunes concernés, ils sont tout de même 90 % parmi mon échantillon à ne pas s'identifier à une minorité de genre. Plus encore, en 2023, une personne sur mille a entrepris en France les démarches pour changer de genre, selon la dernière enquête de l'Inserm sur le « Contexte des sexualités en France [1] ». Nous sommes bien loin de l'effet de mode supposé conquérir des foules d'adolescents et de jeunes adultes, comme le prétendent les détracteurs de la théorie du genre.

1. Premiers résultats de l'enquête CSF-2023 Inserm-ANRS-MIE.

Chapitre 10

JEUNES ET FLUIDES ?

« Fluide » est un des maîtres-mots de cette génération. Cette tendance forte à naviguer, dans ses attirances, d'un genre à l'autre, d'une personne à l'autre, c'est en réalité cela, la véritable révolution sexuelle dont la génération Z s'est progressivement faite l'étendard. Dans cette conception des choses, il s'agit de refuser l'étiquette « homo » ou « hétéro » pour privilégier une vision des relations qui s'attache davantage à la personne convoitée plutôt qu'à son genre. Les jeunes LGBTQIA+ revendiquent parfois les étiquettes de la bisexualité ou de la pansexualité, quand d'autres demandent expressément à ne pas être « rangés dans une case ».

À les écouter parler de leurs histoires d'amour « fluides », on songe soudain à cette idée selon laquelle l'orientation sexuelle n'est pas figée dans le marbre. Qu'elle peut évoluer, fluctuer et se transformer tout au long de la vie en fonction de l'âge, des rencontres, des inspirations, des émotions. Il y a plus de vingt ans, la « reine de la pop » Madonna provoquait, sur la scène des MTV Video Music Awards en 2003, un véritable scandale en embrassant passionnément Britney Spears sous les yeux du monde entier. Aujourd'hui, cette scène semble banale aux yeux de la nouvelle génération.

Cette « fluidité sexuelle », comme la nomment les experts, semble devenir naturelle pour une bonne part des jeunes interrogés au cours de cette enquête, notamment pour les jeunes femmes, qui sont très nombreuses à se déclarer bisexuelles ou pansexuelles. Parmi les 25 jeunes femmes rencontrées, elles ont été 36 % à se dire « fluides sexuellement ». Enfin, parmi les 24 % de filles s'identifiant comme lesbiennes, beaucoup ont eu par le passé des relations hétérosexuelles avant de se tourner exclusivement vers les femmes.

Un amour sans étiquettes qui séduit les filles

Nombre de jeunes femmes perçoivent ainsi le moment des premières fois comme un « grand test » autour de leur orientation sexuelle, là où leurs aînées se considéraient hétéros par défaut. La même chose n'est pas forcément vraie pour les garçons gays ou hétéros, qui n'ont presque jamais connu des relations avec les deux sexes. Preuve que ce phénomène de fluidité sexuelle est essentiellement féminin, un seul garçon parmi l'échantillon a assumé ouvertement sa bisexualité.

Le parcours d'Emma, la jeune Parisienne de 20 ans fan de la série *Sex Education* (cf. Chapitre 5), qui se définit comme « pansexuelle », illustre bien cette fluctuation des désirs. Elle a commencé par se dire lesbienne au collège, où elle est tombée amoureuse de sa meilleure amie. Et à l'âge de 15 ans, celle-ci est devenue sa première partenaire sexuelle. « *Un moment d'exploration assez naïf entre deux adolescentes qui découvrent leurs corps... C'était assez beau !* » résume-t-elle, un sourire au coin des lèvres. À l'époque, elle était donc considérée comme lesbienne par son groupe d'amis. Mais au moment d'entamer ses études de cinéma à 18 ans, elle a ressenti une forte attirance pour des garçons de sa classe très « masculins » et aux antipodes de ses fréquentations habituelles. « *C'était vraiment la rencontre entre deux mondes* », explique-t-elle. Un jour, l'un d'entre eux l'a séduite et elle a osé franchir le pas d'une première relation hétérosexuelle. « *C'était une étape pour moi* », avoue-t-elle.

Depuis, elle se dit qu'elle n'est sans doute pas uniquement attirée par les femmes, et c'est pour cette raison qu'elle a décidé de se définir comme « pansexuelle ». Une façon aussi de se distancier de la norme hétérosexuelle, qu'elle considère comme moins « cool ». Dans son groupe d'amis du lycée, les identités sexuelles autrefois minoritaires sont devenues la norme. À tel point qu'elle compte davantage de bis, gays ou lesbiennes que d'hétéros dans cet entourage. Bien consciente que cette situation est loin d'être universelle, elle considère comme « *hyper privilégié d'avoir l'autorisation de s'affirmer de la sorte* ».

Est-ce à dire que la fluidité serait devenue la nouvelle norme au sein de cette génération ? En *swipant* sur des applications de rencontres, j'ai en tout cas rencontré de nombreuses jeunes femmes qui demandaient à l'algorithme de la plateforme de leur suggérer autant des profils masculins que féminins. Plus d'une fois, il m'est arrivé de me rendre compte, au cours d'un entretien, qu'une jeune femme se disant hétérosexuelle avait déjà eu une relation intime avec une amie sans qu'elle me le mentionne spontanément au départ.

« *Au final, je ne mets pas forcément de mots sur les relations que j'ai pu avoir avec les filles pendant mon adolescence* », glisse une jeune femme de 20 ans pour se justifier de cet oubli involontaire. Ce n'est pas pour autant qu'elles ont honte de ces expériences ; elles les normalisent et les assument complètement. Même celles qui n'ont encore jamais eu de relations bisexuelles ne craignent pas de se définir comme telles. Sur le papier, elles se présentent donc comme « bisexuelles » ou « pansexuelles », mais s'en tiennent à des baisers volés en soirée ou en *date* [1]. « *Pour l'instant, je n'ai pas eu l'occasion de coucher avec une fille mais je sais que je suis attirée par elles* », me répond l'une d'elles.

---

1. Le terme « date » dans un contexte amoureux désigne une rencontre ou un rendez-vous entre deux personnes dans le but de mieux se connaître, souvent dans un cadre romantique.

« La moitié de mes amies du lycée étaient aussi bisexuelles »

Solange fait partie de ces filles rencontrées grâce à Tinder. Son profil est simple, presque discret : celui d'une jeune femme de 21 ans, arborant un carré noir corbeau, un teint pâle et un regard mélancolique. Elle a précisé dans sa présentation qu'elle est bisexuelle. Un mois plus tard, quand le virtuel laisse place au réel, je la retrouve à Grenoble, la ville dont elle est originaire et où elle vit encore, chez ses parents. Élevée dans une famille aisée, elle me parle d'une voix timide de ses anciennes études d'infirmière qu'elle a abandonnées, de son envie de passer le concours de la police nationale, de ses activités bénévoles et de ses projets. Lorsqu'elle évoque son orientation sexuelle, elle explique qu'elle se définit comme bisexuelle depuis ses 15 ans. Mais à 12 ans déjà, elle avait demandé à ses parents s'ils accepteraient toujours leur fille si elle venait à se rendre compte qu'elle était lesbienne. « *Dans mon souvenir, il me semble que la moitié de mes amies du lycée étaient aussi bisexuelles à l'époque* », relate-t-elle.

En terminale, Solange a concrétisé son attirance en se mettant officiellement en couple avec une fille de son établissement. Mais au lieu de la féliciter pour avoir le courage d'assumer une sexualité supposée difficile à afficher, ses camarades l'ont congratulée simplement parce qu'elle était enfin « en couple ». « *L'homosexualité était très normalisée chez les filles* », explique-t-elle. Pourtant, il ne s'est jamais rien passé sur le plan sexuel entre elles. « *Nous n'étions pas prêtes* », explique-t-elle.

Après cette première relation homosexuelle, elle a été en couple deux fois avec des garçons mais plus jamais avec une fille. « *J'ai eu plusieurs rendez-vous avec des filles via Tinder. Depuis que je suis célibataire, j'ai enchaîné plusieurs rencontres, mais aucune ne s'est transformée en véritable histoire* », dit-elle. Dans son récit, ces flirts passagers s'arrêtent toujours au stade des baisers. À côté de cela, elle associe l'hétérosexualité aux violences sexistes et sexuelles. « *Quelque part, j'aimerais me tourner uniquement vers les filles car toutes mes mauvaises expériences ont été avec des garçons. Je dis souvent à mes amis pour rigoler que j'en ai marre d'être attirée par les garçons !* »

Homos ou hétéros : pour les garçons, il faut choisir

Alors, tous bis ou pas tous bis ? Au téléphone, le chercheur en sociologie Félix Dusseau, qui a mené une enquête sur la bisexualité en 2017 [1], me confirme que « les frontières bougent » dans les jeunes générations. « *Auparavant, il y avait la norme hétérosexuelle et d'autres qui se disaient gays, lesbiennes et bisexuelles*, analyse-t-il. *Maintenant, les possibilités sont démultipliées.* »

1. Félix Dusseau, « Les bisexualités : un révélateur social de l'Amour », *Revue des sciences sociales*, n° 58, 2017.

La fluidité sexuelle serait donc bien la nouvelle philosophie amoureuse et relationnelle d'une partie de la jeunesse. Elle se rapprocherait ainsi des conclusions du père de la sexologie moderne, Alfred Kinsey, qui affirmait en 1948 que les attirances pouvaient varier au cours d'une vie et que peu de personnes étaient *in fine* exclusivement hétérosexuelles ou homosexuelles. En analysant la vie sexuelle des Américains à l'époque, il avait constaté qu'elle n'était pas si polarisée qu'on ne le pensait ; sur l'échelle qu'il avait établie, la majorité de la population se situait plutôt entre les deux.

Seule nuance à cette grille de lecture de la fluidité appliquée à la génération Z : l'attitude des garçons. Bien que beaucoup de jeunes hommes hétéros rencontrés pour cette enquête aient admis s'être déjà questionnés sur leur orientation sexuelle pendant leur adolescence, au fil de mes recherches, je n'ai rencontré qu'un seul jeune homme se disant bisexuel et qui ait accepté d'en parler. Une observation largement étayée par le sociologue Félix Dusseau : « *Cette réalité découle d'une homophobie latente dans notre société qui continue de toucher les jeunes générations*, explique-t-il. *Un homme qui avoue avoir eu une relation avec un autre homme sera immédiatement jugé. Il doit sans cesse prouver son hétérosexualité* », analyse-t-il. En revanche, deux femmes se donnant un baiser sont perçues comme « séduisantes », ajoute-t-il.

À 23 ans, Adrien est donc le seul témoin de cette réalité encore si taboue : celle des hommes bisexuels. Étudiant en communication, originaire d'une petite ville bretonne près de Rennes, il a débarqué à Paris il y a quelques années, dans un petit studio du 3e arrondissement, à quelques pas de la place de la République. Dès que je le rencontre, il me paraît bien dans ses baskets. Sa voix est grave et douce à la fois, un paradoxe qui raconte bien le personnage. Mélange subtil de masculin et féminin, ce jeune homme dégage au premier abord une androgynie manifeste qui lui a souvent valu des moqueries au cours de sa scolarité, selon ses dires. Enfant, Adrien a grandi entouré de femmes – une mère très présente et deux sœurs – dans un environnement bienveillant où personne ne lui a jamais enseigné qu'un garçon ne devait pas pleurer. Au contraire, on l'a toujours incité à exprimer ses émotions librement, sans crainte d'être jugé.

Installé sur un sofa disposé sous son lit en mezzanine, en débardeur, Adrien parle sans détour de son vécu. « *Les discriminations, je les ai vécues aussi bien de la part de personnes hétérosexuelles qu'homosexuelles,* raconte-t-il. *Parmi les hétéros, c'est souvent cette idée de féminité qui me colle à la peau. On me dit régulièrement que je ne peux pas être bisexuel, qu'au vu de ce que je dégage, je suis forcément gay. Côtés homosexuels, beaucoup pensent que dire que je suis bi n'est qu'une étape avant de me reconnaître pleinement gay.* »

Pourtant, Adrien n'a connu qu'une seule histoire d'amour, et c'était une relation avec une fille. Ils sont restés ensemble pendant deux ans, et il avoue avoir été « *sincèrement amoureux* » d'elle. Après cette relation, il a entretenu quelques liaisons purement physiques avec des garçons rencontrés via des applications de rencontres. « *Dans cette génération comme dans les autres, être un homme bisexuel reste mal compris. Pour beaucoup, il faut choisir : homo ou hétéro, il n'existe rien entre les deux. Et ces mêmes personnes sont persuadées de mieux savoir qui je suis et qui j'aime... Mais moi, je sais que j'ai pleinement accepté ma sexualité.* » Lui aussi dénonce l'héritage d'une « vision déformée de la masculinité » qui explique, selon lui, pourquoi les jeunes hommes et les jeunes femmes sont jugés différemment sur ce point.

Au-delà du tabou manifeste de l'homosexualité masculine, une différence subsiste entre les discours et les pratiques. Deux jeunes hommes de 20 et 24 ans m'ont ainsi avoué avoir déjà eu des pratiques bisexuelles. Cependant, ils ont choisi de garder cela secret, soucieux de préserver une identité hétérosexuelle aux yeux des autres. Comme leurs aînés, beaucoup de jeunes de la génération Z continuent en réalité de dissimuler leurs véritables pratiques sexuelles, preuve que l'inclusivité tant proclamée est encore loin d'être totalement concrétisée et assumée pour tout le monde.

[illegible]

des [illegible] rencontrés [illegible] des applications de ren- [illegible] Dans cette [illegible] [illegible] [illegible] [illegible] [illegible] [illegible] découvre [illegible] [illegible] [illegible] [illegible] et les [illegible] sont jugés [illegible] sur ce point.

[illegible] les [illegible] deux groupes [illegible] [illegible] Cependant [illegible] choix de [illegible]

[illegible]

Chapitre 11

Génération sans capote

Une virée aux urgences qui a tourné au cauchemar. Joséphine venait tout juste de quitter le garçon qu'elle fréquentait depuis un an quand elle a appris la nouvelle. En plus d'une peine de cœur, elle ressentait alors depuis plusieurs jours une douleur au niveau des parties intimes qui l'a poussée finalement à consulter. Elle pensait à une mycose. Dans la foulée, elle s'est rendue aux services d'urgences de l'hôpital de Porto, au Portugal, où elle vivait à l'époque, en 2023. Les résultats n'ont pas été ceux qu'elle attendait : elle a contracté un herpès génital, une infection causée par le virus de l'herpès simplex (HSV), qui se manifeste par des lésions douloureuses et se transmet principalement par contact sexuel. Immédiatement, elle a envoyé un texto à son ex-copain, qui a nié en bloc : « *Mais non, tu n'as pas de MST ! Fais-toi une tisane avec du miel, ça va aller* », lui a-t-il écrit en lettres capitales.

La situation médicale lui a fait violemment prendre conscience que les rapports non protégés n'étaient pas sans conséquences. Elle a compris par la même occasion que son ancien petit ami, qui lui avait imposé une relation libre, ne prenait probablement pas ses précautions avec ses autres conquêtes. « *Quand on m'a annoncé le diagnostic, j'ai pleuré parce que j'ai réalisé tous les risques que j'avais pris* », explique-t-elle. Comme la presque totalité des jeunes qui m'ont répondu dans cette enquête, Joséphine ne mettait pas de préservatif pendant ses rapports buccaux-génitaux. Cependant, elle affirme en avoir toujours mis lors des pénétrations vaginales. Les médecins l'ont pourtant rapidement mise en garde, soulignant que la majorité des contaminations se produisait lors de rapports oraux.

Après avoir appris la nouvelle, Joséphine a passé toute une batterie de tests. « *Tout de suite, j'ai voulu vérifier si j'avais le VIH*, se rappelle-t-elle avec émotion. *Mais je n'avais rien d'autre. Sur le coup, j'ai vraiment eu l'impression d'être passée à côté du pire.* » Passé le soulagement, elle a appris que ce virus était incurable et nécessitait un traitement antiviral qui lui permettra seulement de gérer les symptômes et réduire les risques de transmission. Dans les faits, on estime que 20 % de la population sexuellement active est porteuse du virus de l'herpès [1], tant il est facile de le contracter. Le virus pouvant rester dormant dans l'organisme pendant des mois voire des années, Joséphine ne pourra

1. En France, l'herpès génital touche 20 % de la population sexuellement active et particulièrement les personnes âgées de 25 à 35 ans (source : site de l'Assurance maladie).

jamais savoir si son ex-copain est réellement la personne qui l'a contaminée.

Depuis une vingtaine d'années, le constat est implacable : les autorités sanitaires ne cessent d'alerter sur une recrudescence des infections sexuellement transmissibles (IST) au sein de la génération Z. Parmi les jeunes âgés de 18 à 28 ans qui ont répondu à mon enquête, 24 % d'entre eux ont déjà été porteurs d'une IST au cours de leur vie. Bien que le VIH reste à des niveaux préoccupants avec 5 500 nouveaux cas recensés en 2023 au niveau national, dont 17 % de jeunes de moins de 25 ans [1], ce sont surtout les infections bactériennes comme la gonorrhée, la syphilis et la chlamydia qui connaissent une forte hausse [2]. Sans oublier les infections virales comme le papillomavirus, qui est à l'origine de nombreux cancers, et l'herpès, qui touche une large part de la population. Des maladies qui demeurent largement sous-estimées.

La tendance se manifeste depuis plusieurs années en Europe, comme en témoignent plusieurs rapports publiés en 2024 par le Centre européen de prévention

1. Santé publique France, « VIH et IST bactériennes en France. Bilan 2023 ».

2. Sorbonne Université, Inserm, Institut Pierre Louis d'Épidémiologie et de Santé publique, Paris. L'Agence nationale de santé publique en France a également souligné, dans une étude publiée en décembre 2023, une progression notable des infections sexuellement transmissibles bactériennes. Entre 2020 et 2022, cette hausse a été de 16 % pour la chlamydia, de 91 % pour la gonorrhée et de 110 % pour la syphilis.

et de contrôle des maladies rattaché à l'Union européenne. En effet, on observe sur le Vieux Continent une hausse de 48 % des cas de gonorrhée, 34 % pour la syphilis et 16 % pour les cas de chlamydia entre 2021 et 2022. En France, le même constat s'impose avec un nombre d'infections à chlamydia, par exemple, qui a bondi de 16 % entre 2020 et 2022, et celui de gonococcies de 91 % et celui de syphillis de 110 %, selon une étude de Santé publique France publiée en décembre 2023. Des augmentations encore plus marquées pour les moins de 30 ans.

La capote, un tue-l'amour ?

Alors, quels sont les réels comportements des jeunes en matière de protection sexuelle ? En discutant avec eux, je me rends compte que le traumatisme des années sida n'a plus qu'un lointain écho dans leurs discours. La plupart savent pertinemment que le préservatif devrait être incontournable, mais dans les faits, beaucoup se montrent prêts à l'oublier, par « flemme », parce que « cela coupe le moment » ou parce qu'ils sont convaincus que « tout se soigne », selon leurs propres mots. Longtemps symbole de protection, la capote n'a plus vraiment la cote chez la génération Z. Seul le spectre d'une grossesse non désirée suscite de la crainte, notamment chez les filles. Le préservatif reste pourtant, encore aujourd'hui, le dernier vrai rempart face aux IST de toutes sortes.

Les comportements à risques de cette génération pleine de paradoxes se traduisent dans mon échantillon par des chiffres sans appel. Ils sont 78 % à m'avoir indiqué qu'ils s'étaient protégés lors de leur première relation sexuelle, mais près de 30 % n'en ont pas ressenti le besoin. Au fil du temps et des expériences, la prudence se relâche encore plus, car ils sont 57 % à m'avoir avoué qu'ils ne se protégeaient plus systématiquement dans leurs relations sexuelles, et ce même quand ils viennent de rencontrer leur partenaire. D'autre part, si le préservatif est parfois utilisé en cas de pénétration, il ne l'est pratiquement jamais pendant les préliminaires.

Comme tant d'autres, Hugo, déjà croisé au fil de ces pages, oublie très régulièrement d'enfiler un préservatif lors de ses ébats avec ses multiples conquêtes sur Tinder. « *Je sais que ce n'est pas responsable de ma part* », murmure-t-il, presque désolé. Excitation oblige, ce geste de protection est sur le moment le cadet de ses soucis, tant il neutralise selon lui toute spontanéité. « *Dans la sexualité, je suis mes envies. Quand il m'arrive de prendre le risque, cela se fait très naturellement. Honnêtement, sur le moment, je ne me pose pas trop de questions. Je n'en ai rien à faire, et je sais que ce n'est pas bien* », reconnaît-il avant de préciser que les seules fois où il met un préservatif, c'est toujours à la demande de sa partenaire.

Est-ce qu'il lui arrive de penser aux conséquences sur sa santé et celle des autres ? « *Franchement, cela ne me vient même pas à l'esprit de demander les tests. Je fais comme si les risques n'existaient pas* », répond-il. Jusqu'ici, Hugo est toujours passé entre les mailles du filet et n'a jamais contracté d'IST. « *Parfois, j'ai l'impression que ça n'arrive qu'aux autres...* », me confie-t-il. Tout au long des entretiens, cette même phrase symptomatique d'une illusion générationnelle est revenue en boucle. Hugo, malgré ses comportements à risques, n'a poussé qu'une seule fois la porte d'un centre de dépistage. « *Par la suite, j'ai encore eu de très nombreux rapports non protégés, mais je n'y suis pas retourné* », dit-il, assez décomplexé.

« On ne meurt plus du sida... Ce n'est pas si grave »

Julie, jeune femme de 20 ans aux cheveux châtain clair et au regard assuré, affiche la même confiance tranquille qu'Hugo sur ce sujet. Issue d'un milieu favorisé avec une mère cheffe d'entreprise et un père commercial, elle s'est installée à Lyon depuis quelques années pour intégrer une école de journalisme. Au premier abord, elle semble bien informée sur la santé sexuelle. Elle est capable d'énumérer la majorité des IST et leur mode de transmission, chose loin d'être évidente pour beaucoup des jeunes que j'ai pu rencontrer. Mais lors de notre échange, qui a lieu par visio, elle admet, elle aussi, contre toute attente, avoir des comportements à risques. Julie affirme qu'elle ne réclame le port du préservatif qu'aux partenaires qu'elle juge « louches ». « *Je sais bien que ça ne se lit pas sur leur visage, mais je fais confiance à mon instinct* », dit-elle d'une voix hésitante, ses yeux scrutant ma réaction.

La seule chose sur laquelle Julie dit ne pas lâcher, c'est de « demander si des tests ont été réalisés ». Elle n'exige toutefois aucune preuve. « *J'ai conscience des risques, mais je les prends quand même. C'est presque pire...* », souffle-t-elle, honteuse. « *Je me dis que si je fais des tests, ça se soigne. Mais je peux très bien transmettre la maladie, donc c'est idiot. Les IST se soignent si elles sont prises à temps, non ? Et le sida ne peut pas être éradiqué, mais on n'en meurt plus. Ce n'est pas si grave* », tente-t-elle de justifier.

Les relations sérieuses n'échappent pas à cette légèreté générationnelle. Chez les jeunes couples qui vont parfois attendre plusieurs mois avant d'enlever le préservatif, ils sont 71 % à m'avoir confié ne pas s'être fait dépister avant de sauter le pas car après tout, « ils se font confiance ». Et parmi les 50 jeunes interrogés, quatre d'entre eux m'ont indiqué n'avoir jamais franchi le pas du dépistage, tandis que cinq autres m'ont dit n'avoir effectué qu'un seul test dans leur vie. Chaque fois, ils ont eu bien plus qu'un seul partenaire sexuel et ont accumulé les conduites à risques.

« Qui m'a filé la chlamydia ? »

Samuel, 24 ans, fait partie de ceux qui ont appris à leurs dépens les risques que comportent des rapports non protégés. Adolescent, ce fils d'une infirmière et d'un ouvrier du bâtiment, originaire d'un village du Lot, a toujours utilisé le préservatif dans ses relations amoureuses, mais il s'en est détourné à l'âge adulte, lors de son emménagement à Toulouse en 2020 où il a intégré une faculté de psychologie du travail. Sur les quais de la Garonne lors de notre rencontre en septembre 2023, celui qui préfère témoigner anonymement assure qu'il est bien conscient que le port du préservatif est important, bien qu'il lui arrive d'être « impulsif », selon ses propres mots. En couple libre, Samuel et sa copine s'autorisent depuis environ deux ans et demi d'aller voir ailleurs ponctuellement. Mais un jour, une imprudence de sa part l'amènera à être positif à la chlamydia. Après une de ses rares rencontres faites sur une application, il a eu un rapport sexuel non protégé qui ne sera pas sans conséquences. « *Une fois, on m'a proposé de baiser et j'ai dit "Let's go", même si c'était sans préservatif. Ça m'est arrivé une seule fois* », se justifie-t-il presque immédiatement.

Quatre jours plus tard, il a ressenti de fortes douleurs en urinant. Bien que la chlamydia soit souvent asymptomatique chez les hommes, les symptômes peuvent inclure un écoulement du pénis, ou des brûlures en urinant, ainsi que des douleurs ou des gonflements des testicules. « *Au départ, j'étais convaincu que c'était une infection urinaire. Mais les symptômes continuaient et je me suis dit qu'il fallait que j'aille voir un médecin, sauf que je repoussais chaque fois l'échéance* », se souvient-il. Entre-temps, il a des rapports sexuels avec sa copine, malgré les symptômes préoccupants. Inconscient alors des risques, il lui a ainsi transmis à son tour l'infection bactérienne. « *Là, je me suis dit que j'avais fait une grosse bêtise* », admet-il. Dans son cursus, il a suivi de nombreuses formations au sujet des IST, et pourtant, il n'a pas pu s'empêcher de commettre ce qu'il qualifie aujourd'hui de « grossière erreur ».

Encore très marqué, il affirme que cette mésaventure lui a servi de leçon. « *Pour savoir ce que j'avais, j'ai dû me faire dépister et je l'ai très mal vécu. J'ai enchaîné les prises de sang et les tests PCR, qui étaient très douloureux. Finalement, j'ai contracté la chlamydia et ma copine l'avait attrapée aussi.* » Après cette expérience, il a confié à son entourage son diagnostic. « *Quand j'ai raconté mon histoire, plein de personnes m'ont dit "Moi aussi". Mais personne ne m'en avait parlé avant jusqu'ici… Je pense qu'il y a la honte qui entre en jeu. Récemment, mon frère de 20 ans a aussi attrapé la chlamydia.* » Depuis cet épisode malheureux, Samuel assure faire très attention à ne pas reproduire les mêmes erreurs. Est-ce qu'il se protège pour autant lors des rapports buccaux-génitaux ? Après un moment d'hésitation, il fait signe que non avec la tête, visiblement gêné.

De fait, tous ne sont pas forcément au courant que des contaminations peuvent aussi avoir lieu par voie orale. « *Beaucoup de filles me disaient : "C'est bon, on s'en fout, je suis clean." Et souvent, comme j'étais alcoolisé, je ne posais pas de questions. Au début, je ne savais même pas que ça pouvait s'attraper en faisant des préliminaires* », m'affirme un autre jeune homme de 24 ans. Résultat : il a contracté la chlamydia à deux reprises. Avec un peu de recul, il en vient à regretter ce manque d'éducation sexuelle : « *À l'école, on nous a juste appris à mettre un préservatif et comment on fait les bébés. On nous a montré un schéma en disant : "Voilà, c'est un homme, une femme, et là, il y a le sperme qui va dans l'ovule."* » Un aperçu très rapide dans le brouhaha d'une classe hilare, insuffisant à ses yeux. Son histoire ressemble à celle de beaucoup d'autres qui m'ont raconté leur confrontation brutale à la maladie, alors qu'ils pensaient sincèrement bien faire les choses.

La chlamydia reste l'IST la plus courante chez les jeunes. Le professeur Charles Cazanave, infectiologue au CHU de Bordeaux et expert reconnu dans le domaine des IST, confirme : « *Les jeunes femmes sont particulièrement touchées. L'augmentation s'explique par des dépistages plus fréquents et des méthodes plus fiables.* » Depuis 2018, la Haute Autorité de santé recommande un dépistage systématique pour les 15-25 ans afin de prévenir les risques pour la fertilité. La chlamydia peut aussi engendrer un risque plus important de grossesses extra-utérines. Résultat de cette nouvelle politique de dépistage : une étude récente de l'Inserm, Santé publique France et l'ANRS [1] montre une faible prévalence de la chlamydia chez les 18-25 ans, mais une

1. Enquête nationale sur le « Contexte des sexualités en France 2023 », rendue publique le 13 novembre 2024. Dans cette étude, on apprend qu'au regard de la politique de dépistage systématique proposée aux moins de 26 ans, une prévalence

hausse significative chez les 26-29 ans, qui ne sont pas concernés par le dépistage.

Bien que moins touchés au début de leur vie sexuelle, les hommes sont très exposés à une contamination à la chlamydia entre 20 et 30 ans. « *Le dernier rapport de Santé publique France publié en 2022 révèle néanmoins plus de cas chez les jeunes hommes que chez les jeunes femmes* », note M. Cazanave. En effet, l'étude en question, la plus récente au moment où a lieu notre échange, au printemps 2024, souligne une augmentation des cas de chlamydia de 45 % pour les hommes et de 41 % pour les femmes parmi les 15-24 ans. Le dernier bilan annuel de Santé publique France sur le VIH et les IST bactériennes [1], qui s'intéresse à l'année 2023, soulignait déjà une hausse du taux d'incidence des diagnostics de chlamydia chez les hommes, toutes tranches d'âge confondues. Le fait qu'il n'y ait rarement des symptômes visibles de l'infection favorise sa propagation.

---

faible des infections à chlamydia est observée chez les plus jeunes 18-25 ans (1,5 % pour les femmes et 1,6 %), tandis que la prévalence augmente dans la tranche d'âge de 26-29 ans, qui échappe au dépistage (7,9 % pour les femmes et 4,4 % pour les hommes). Par ailleurs, les personnes ayant eu plus d'un partenaire dans les 12 derniers mois ont un risque plus élevé que celles ne déclarant qu'un seul partenaire (1,5 % pour les femmes et 2,9 % pour les hommes de 18-59 ans).

1. Bulletin Santé publique France, « VIH et IST bactériennes », 11 octobre 2024.

Le virus de la désinformation

Bombardés d'informations par le biais des écrans, la génération Z a pourtant entendu toutes sortes de choses sur la santé sexuelle, mais elle peine à distinguer le vrai du faux. En les questionnant, je note très vite que leur niveau de désinformation est un véritable enjeu, et ce, dans tous les milieux sociaux. En matière de santé sexuelle, en 2023, le gouvernement de la Première ministre Élisabeth Borne a, par exemple, instauré la gratuité des préservatifs pour les 18-25 ans. En 2024, le dépistage gratuit et sans ordonnance des quatre principales IST pour les moins de 26 ans a aussi été annoncé. Les tests de dépistage des IST sont par ailleurs faciles, car il existe des centres de dépistage offrant une prise en charge anonyme et sans frais. Mais ces lieux sont mal connus parmi les jeunes, tout comme l'ensemble des mesures prises pour limiter cette explosion des IST ou le retour à la hausse des contaminations du VIH. « *J'ai déjà fait une fois un test contre le sida, mais je n'en ai jamais fait pour toutes les autres IST. J'ai voulu en faire, mais je ne sais pas du tout où aller pour me faire dépister* », admet un jeune homme de 25 ans, issu d'un milieu modeste, militaire dans la région de Nîmes. Des classes populaires aux classes supérieures, ces connaissances sont inégales. Elles varient selon l'existence de séances d'éducation à la sexualité pendant la scolarité, le niveau d'informations dont les jeunes ont bénéficié à la maison ou encore leurs recherches personnelles sur le sujet.

Emma, 20 ans, élevée dans une famille très privilégiée, n'est pas mieux informée. Cette fille d'éditeur et de kinésithérapeute a grandi dans le 10e arrondissement de Paris. De son propre aveu, elle n'a eu connaissance de ces centres de dépistages que très récemment. Amoureuse pour la première fois, elle me raconte avoir cédé aux suppliques de son copain qui lui demandait de retirer le préservatif. « *Comme il supportait mal la capote, on a fini par l'enlever et j'ai commencé à prendre la pilule* », indique-t-elle. Au départ, elle n'était d'ailleurs absolument pas consciente des risques qu'elle prenait. Par le passé, son copain avait pourtant eu de multiples partenaires sexuelles, tout comme elle.

C'est finalement une camarade de classe qui l'a alertée et lui a conseillé d'aller se faire dépister. « *Elle m'a conseillé de faire des tests avec lui, de vérifier pour le sida et les autres infections. Elle n'était pas alarmiste, mais elle m'a expliqué ce qu'il fallait faire.* » Main dans la main, les deux amoureux se sont donc rendus ensemble à l'hôpital et, quelques jours plus tard, chacun recevait ses résultats – négatifs – par mail. « *Depuis, on ne met plus de préservatif* », dit la jeune femme qui prend désormais la pilule. Aujourd'hui, Emma reconnaît ses lacunes sans mal : « *En gros, je savais vaguement qu'il fallait faire des tests, mais où… Je n'en avais aucune idée avant que l'on m'en parle !* »

L'ignorance n'explique pas à elle seule le désintérêt croissant pour le préservatif. Les jeunes femmes interrogées m'ont toutes confié leur lutte permanente pour en faire respecter l'usage à leur partenaire. Mises sous pression, elles se retrouvent souvent à accepter, à contrecœur, de compromettre leur sécurité pour plaire à celui qu'elles désirent et ne pas se voir apposer l'étiquette de la « fille chiante ». Parfois, leur partenaire ne prend même pas la peine de demander l'autorisation avant de les pénétrer sans protection, ou, pire encore, feint de mettre un préservatif pour le retirer discrètement en cours de route, une pratique insidieuse connue sous le nom de « *stealthing*[1] » en anglais.

Les gays préfèrent la PrEP

Les homosexuels, tout en étant pleinement conscients des risques, s'éloignent eux aussi du préservatif. La peur du VIH, souvenir tenace des années sida, qui s'étalent du début des années 1980 à la fin des années 1990, s'efface peu à peu devant la quête du plaisir immédiat facilité par les applications de rencontres. En 2016, l'arrivée de la PrEP (prophylaxie pré-exposition), ce traitement révolutionnaire qui prévient le VIH, a accéléré le phénomène. Aujourd'hui, dans la pénombre des *backrooms* ou lors de rendez-vous Grindr, beaucoup de jeunes gays se soucient désormais moins de savoir s'ils ont des préservatifs sur eux que si leur partenaire prend la petite pilule bleue magique. Les effets sur le plan médical sont assez

1. Depuis le 7 octobre 2021, le « stealthing » est un acte considéré comme un délit en Californie. *Idem* en Suisse, au Canada et au Royaume-Uni.

saillants : le VIH recule désormais parmi les hommes ayant des relations sexuelles avec des hommes (HSH), tandis que les autres IST explosent.

Une réalité médicale que connaît bien le professeur Charles Cazanave, qui constate une ambivalence des jeunes gays concernant la PrEP. En consultation, les plus jeunes sont finalement peu nombreux à aller au bout des démarches pour se faire prescrire ce nouveau médicament préventif. Cette hésitation coûte cher : des contaminations qui auraient pu être évitées se produisent. « *Une enquête a montré quelques cas de contamination chez des personnes qui avaient entamé la démarche mais qui n'étaient pas allées jusqu'au bout* », explique le spécialiste. Entre la prudence affichée et la réalité des comportements à risques, la génération Z se situe dans un équilibre fragile, où la protection reste trop souvent un concept, et non un réflexe.

Entre les gays d'hier et ceux d'aujourd'hui, un cap générationnel est ainsi en train d'être franchi. Guillaume, 25 ans, ne s'en cache pas : l'arrivée de la PrEP a mis fin à son usage du préservatif. Vêtu d'un T-shirt Britney Spears rose fluo, il l'affirme sans détour : « *Je n'ai pratiquement jamais mis une capote de ma vie.* » Grand adepte de Grindr, il change fréquemment de partenaire sexuel, pris dans un tourbillon de rencontres où la PrEP est devenue la norme et, en théorie, un rempart contre le VIH. « *La capote, c'est vraiment gênant. On perd des sensations, et ça brise la magie du moment. Bref, je n'aime pas* », conclut-il, désinvolte.

Quelques années en arrière, un tel discours n'aurait jamais été prononcé avec autant d'aplomb. Mais l'arrivée de ce médicament semble avoir permis un laisser-aller sans précédent dans la manière d'aborder la sexualité pour les jeunes gays. Cependant, à l'instar de ce que j'ai observé dans les relations hétérosexuelles, c'est un contrat de confiance qui s'installe entre les partenaires… souvent de façon aveugle. « *Qui me dit qu'il prend vraiment la PrEP ?* » s'interroge Guillaume, installé sur un banc à mes côtés au milieu d'un square à Paris, le regard pensif. Pourtant, il avoue avec un sourire timide qu'un mec séduisant qui lui affirmerait être sous traitement serait cru sans hésitation.

Cette confiance naïve laisse place à une marge d'erreur évidente. Guillaume a ainsi contracté plusieurs IST au cours de ses aventures, parmi lesquelles la chlamydia, la gonorrhée, et même des morpions. « *Des petits trucs, quoi !* » résume-t-il avec nonchalance. Insensible à l'idée de perpétuer la chaîne de contamination, il peine à se rappeler la date de son dernier test. « *C'était il y a longtemps en tout cas*, dit-il en haussant les épaules. *Une fois que je sais que le mec prend la PrEP, je suis assez détendu. Pour moi, il n'y a que la crainte du sida qui existe. Toutes les autres IST, ce n'est pas un "big deal".* »

« Être porteur d'une IST, ça reste très mal vu »

La même illusion de sécurité s'observe chez les jeunes femmes lesbiennes, qui sont peu nombreuses à se protéger. En termes de contamination, le risque est pourtant tout aussi réel : en fonction des pathologies, les taux d'IST sont quatre à dix fois supérieurs chez les femmes lesbiennes et bisexuelles à ceux relevés chez les hétérosexuelles. De leur côté, les spécialistes estiment qu'il y a des raisons de penser que les risques en matière de VIH sont aussi sous-estimés les concernant. En raison de cette impression de ne pas être concernées, elles n'utilisent que très rarement des digues dentaires, ces protections méconnues, préconisées pour les cunnilingus.

Chloé, 24 ans, l'étudiante en droit originaire d'Ardèche (cf. Chapitre 5), fait partie de ces jeunes femmes qui pensent être à l'abri de tous ces tracas. Cette brune aux cheveux longs et au regard vif manifeste une absence d'inquiétude sur ces sujets, sur lesquels elle n'est finalement que très peu informée. « *Je n'utilise pas du tout ces protections dans mes relations avec les filles* », répond-elle immédiatement. Elle poursuit : « *Un jour, je suis allée chez la gynécologue et c'est elle qui m'a appris l'existence de cette technique. Avant ce moment, c'était très vague pour moi.* » En matière d'hygiène, elle fait juste attention à bien nettoyer les sex-toys qu'elle utilise avec sa partenaire.

De même, en matière de dépistage, elle avoue n'avoir passé que deux ou trois tests, bien qu'elle ait eu des relations avec plusieurs partenaires. « *Je n'ai jamais eu peur des IST* », avoue-t-elle sans détour. Ce n'est que récemment, lors d'une visite médicale, qu'elle a entendu parler du papillomavirus, découvrant par la même occasion l'existence du vaccin. En principe, la vaccination contre le papillomavirus est recommandée entre 11 et 14 ans, avant le début de l'activité sexuelle, car elle est plus efficace si le produit est administré avant toute exposition au virus. « *J'étais choquée de ne même pas savoir de quoi il s'agissait. Si j'avais eu connaissance de ce vaccin, je l'aurais fait adolescente.* » Un comble pour une fille d'infirmière. Elle tente de se rassurer en se répétant qu'il y a moins de risques entre femmes, une idée préconçue partagée par beaucoup.

Le sexe est devenu une affaire de légèreté en apparence, mais au détour de nos discussions, plusieurs jeunes m'ont confié les moqueries cruelles qui fusent dans les couloirs de lycées et les universités dès qu'il arrive qu'un diagnostic devienne public. « *Être porteur d'une IST, ça reste très mal vu* », me glisse une jeune femme qui se souvient de cette camarade surnommée unanimement « la Schtroumpfette », au sein de sa classe, pour la seule raison qu'on lui prêtait le fait d'avoir contracté une IST.

Chapitre 12

Sexe et autres drogues

Un soir d'ennui comme les autres, aux alentours de 2 heures du matin, Nathan s'est aventuré sur Grindr, cette application de rencontres réservée aux gays qui devient à la nuit tombée un haut lieu de tentations. Longtemps timide, ce jeune homme de 26 ans de confession juive né à Boulogne-Billancourt et issu d'une famille de la classe supérieure a mis du temps à accepter son homosexualité avant de « rattraper le temps perdu ». En balayant les profils géolocalisés à proximité de chez lui dans le 20ᵉ arrondissement de Paris, il espérait trouver un « coup d'un soir » pour s'extraire de sa solitude, ne serait-ce que pour quelques heures. Une proposition inattendue va finalement changer ses projets.

« *Soirée chems, t'es chaud ?* » lui a demandé un homme d'une trentaine d'années. Sur le profil de cet inconnu figure l'emoji fusée, un symbole utilisé en ligne par les adeptes du chemsex, cette pratique à risques consistant à consommer des substances psychoactives lors de rapports sexuels. Parmi les « gaymojis » inventés par les usagers, certains émoticones désignent les substances ou les modes de consommation, comme le nez pour l'inhalation ou la seringue pour l'injection (« slam » dans le langage des usagers). Nathan a donc été invité à une de ces orgies sous drogues, de plus en plus fréquentes depuis la crise sanitaire de 2020. Tenté de découvrir cet univers, il a rejoint le lieu de rendez-vous mais n'a pas participé aux ébats, se positionnant plutôt en voyeur.

Un marathon du sexe sous drogues de synthèse

Mais c'est quoi exactement, le chemsex ? Le terme, contraction de « chemicals » et de « sex », est né dans les années 2000 au sein de la communauté HSH, c'est-à-dire les hommes ayant des relations sexuelles avec d'autres hommes. Le grand public, lui, a découvert ce phénomène à l'occasion de l'affaire Pierre Palmade en 2023. L'humoriste a en effet, sous l'emprise de drogues, causé un grave accident de la route faisant trois blessés, dont une jeune femme qui a perdu l'enfant qu'elle portait. Le comédien avait pratiqué du chemsex. Le chemsex se caractérise par l'usage de nouvelles drogues de synthèse de la famille des cathinones, parmi lesquelles des molécules comme la 3-MMC, la 3-CMC ou la 2-MMC. Appréciées pour leurs effets stimulants et désinhibants, ces drogues sont fréquemment utilisées malgré les risques importants d'overdose et les conséquences graves sur la santé physique et mentale. Outre ces produits, le GBL [1], la cocaïne ou la méthamphétamine [2] (crystal, tina) sont aussi couramment consommés. Objectif avec ces substances nombreuses et variées : initier, prolonger et intensifier les sensations pendant l'activité sexuelle. Les sessions de chemsex peuvent alors durer jusqu'à 36, 48, voire 72 heures. Ivres de plaisir, certains participants en oublieraient même de manger et boire, attendant que leur corps cède et leur somme d'arrêter.

Les chiffres prouvent que les jeunes sont concernés : parmi les 50 personnes interrogées pour cette enquête, toutes orientations sexuelles confondues, 12 % m'ont confié avoir déjà expérimenté le chemsex, sans pour autant tomber dans une addiction. En réalité, les addictologues estiment que les tranches d'âge touchées sont très variées, avec des patients qui peuvent avoir

1. Le GBL (gamma-butyrolactone) est une substance chimique qui est souvent utilisée comme solvant industriel, mais qui peut aussi être consommée à des fins récréatives. Lorsqu'il est ingéré, le GBL se transforme dans le corps en GHB (acide gamma-hydroxybutyrique), une drogue psychoactive qui peut induire des effets d'euphorie, de relaxation et de désinhibition. Cette substance est aussi surnommée « la drogue du violeur ».

2. La méthamphétamine (souvent abrégée en « meth ») est une drogue synthétique appartenant à la classe des amphétamines. Elle agit principalement comme un stimulant du système nerveux central. La plupart du temps, elle est consommée illégalement pour ses effets euphorisants, mais peut aussi quelquefois être utilisée à des fins médicales, bien que de manière très limitée.

entre 18 et 60 ans. Loin d'être un phénomène exclusivement parisien, le chemsex est aussi beaucoup pratiqué dans des villes comme Montpellier ou Bordeaux, qui sont considérées comme des « hot spots ». « *Montpellier abrite la plus grande communauté gay de France. Entre eux, les usagers la surnomment "l'île de la tentation"* », glisse une spécialiste. En France, des associations communautaires historiques comme AIDES et Act-up-Paris tentent aujourd'hui d'apporter une aide concrète aux usagers, en proposant de la réduction de risques et un accompagnement via des lignes d'écoutes. Même si ces comportements sont très associés à la population HSH, l'usage sexualisé de drogues concerne aussi les hétéros, les bisexuels, hommes et femmes, et les personnes transgenres.

Du côté des jeunes hétéros, je remarque que le terme « chemsex » est souvent méconnu, mais ils sont tout de même trois garçons et deux filles à avoir déjà expérimenté des drogues dures comme de l'ecstasy ou de la 3-MMC (3-méthylmethcathinone) avant de coucher avec un partenaire dans l'espoir de décupler leurs sensations. « *Avec ma copine, on a pris de la 3-MMC une fois pour avoir un rapport sexuel… C'était cool, mais on était vraiment des animaux. Le lendemain, on s'est dit qu'on ne renouvellerait pas l'expérience. Nos pratiques étaient devenues très "hard" sans compter que cela avait duré très longtemps ! Au moins cinq heures… En ayant pris ces substances, tu te laisses aller à tes fantasmes les plus fous* », confesse un jeune homme hétéro de 24 ans qui avoue avoir eu des pratiques violentes qu'il n'aurait jamais eues dans son état normal. Pour autant, les jeunes couples hétéros expérimentent l'usage sexualisé de drogues dans des contextes bien moins ritualisés que les HSH qui organisent des soirées dédiées.

Chez les garçons gays, je perçois un sentiment de honte au moment d'évoquer ce sujet tabou, et je peine en réalité à avoir des détails sur le déroulé de ces soirées. Un seul parmi les garçons homosexuels interrogés confirme avoir déjà pris des substances dans le cadre d'une « soirée chems », ce qui ne saurait représenter l'ampleur du phénomène au niveau national. En octobre 2024, une étude de l'Observatoire français des drogues et des tendances addictives (OFDT) [1] affirmait que le chemsex concernait 13 à 14 % des HSH au cours de la dernière année et que 5 à 7 % d'entre eux l'auraient pratiqué lors de leur dernier rapport sexuel. « *Un soir, j'ai rencontré cinq mecs dans un bar. Ils m'ont proposé d'aller dans leur chambre d'hôtel. Sur place, on a pris du GHB et on s'est tous déshabillés avant de coucher ensemble…* », dit du bout des lèvres ce jeune homosexuel de 25 ans, qui avoue s'être senti coupable le lendemain.

---

1. Observatoire français des drogues et des toxicomanies (OFDT), « Chemsex, retour sur 15 ans d'usages de drogues en contexte sexuel », 17 octobre 2024.

La tentation à portée de clic sur les applis de rencontres

Après les confinements, ces « soirées chemsex » se sont déplacées dans des appartements privés plutôt que dans des lieux de fête LGBTQIA+. Cette population a ainsi migré vers les rencontres en ligne, ce qui a conduit à toucher une cible bien plus jeune qu'auparavant. Ainsi, de nouveaux profils se sont tournés vers les applis de rencontres comme Grindr ou Scruff pour combler un vide. Aujourd'hui, pour nombre de jeunes homosexuels, les applications de rencontres gays sont devenues une première porte d'entrée non seulement sur la sexualité, mais aussi sur le chemsex. Des propositions pour participer à des « soirées chems », presque tous les jeunes hommes gays actifs sur les applications de rencontres y ont été confrontés. En se connectant tard un soir de week-end ou très tôt le matin, ils sont presque sûrs de recevoir ce type de sollicitation. À croire que ces plateformes sont devenues, malgré elles, de véritables « lieux de deal » un peu partout en France.

Le peu de jeunes gays que j'ai rencontrés ayant participé à ces soirées racontent une ambiance où les substances permettent à chacun de vivre une sexualité libérée avec l'illusion fugace de créer des liens. « *Dans l'appartement, nous étions huit hommes, tous âgés de 25 à 30 ans, cadres supérieurs avec une situation sociale confortable* », se souvient Nathan qui n'a fait qu'assister à ce « marathon du sexe » dopé aux psychotropes. En général, lors de ces « sessions chemsex », les habitués décrivent un mélange social et culturel, où des chefs d'entreprise, cadres et médecins peuvent côtoyer des ouvriers, des artisans, des chômeurs, et donc des étudiants. Dans ce contexte permissif, le seul jeune qui a eu cette expérience, au sein de mon échantillon, m'a expliqué ne pas avoir mis de préservatif et l'avoir regretté le lendemain après avoir repris ses esprits. « *Heureusement pour moi, j'étais complètement clean* », soupire-t-il. Dans ces soirées où tout le monde prend la PrEP, l'usage du préservatif disparaît et les comportements à risques sont amplifiés par la désinhibition liée aux substances. Résultat : une augmentation des risques d'IST, de contaminations au VIH, à la variole du singe ou aux hépatites.

Installée dans son salon, lunettes sur le nez, le docteur Hélène Donnadieu, cheffe du service addictologie au CHU de Montpellier, connaît par cœur ces problématiques en lien avec le chemsex. Chaque jour, elle reçoit des jeunes patients qui sont tombés dans cet « engrenage », une addiction étroitement liée, selon elle, aux applis de rencontres géolocalisées. Depuis quelques années, cette médecin s'inquiète de constater que de plus en plus de jeunes entrent dans la sexualité au sein de la communauté HSH directement par le chemsex. « *Ce n'est pas encore une majorité, mais c'est une tendance croissante. Et certains même n'ont jamais eu d'expériences sexuelles sans substances* », pointe la professeure. Parmi ses patients, 50 % ont moins de 30 ans, dont une majorité se situant cependant entre

25 et 30 ans. Si les plus jeunes sont à la marge, cela ne signifie pas pour autant qu'ils ne consomment pas, mais plutôt qu'ils n'ont pas encore pris conscience de la problématique d'addiction.

En consultation, Hélène Donnadieu cherche toujours à comprendre les différents mécanismes qui ont pu conduire à cette consommation. « *En premier lieu, il y a l'isolement social, la recherche de désinhibition sexuelle, la correction de dysfonctions sexuelles, ou encore le besoin de vivre leur sexualité après avoir longtemps souffert de l'homophobie* », détaille l'addictologue.

Avec du recul, l'addictologue identifie les applis de rencontres comme un « facteur de risque » important pour les jeunes LGBTQIA+. « *Ces plateformes sont un moyen extrêmement simple et direct de connecter des personnes. Un jeune qui est encore dans une dynamique hétéronormée après le lycée se tournera vers ces services pour rencontrer des gens et satisfaire des envies sexuelles.* » Mais au-delà du désir sexuel pur, le chemsex pallie un isolement plus large. « *Beaucoup de ces jeunes, à travers la consommation, trouvent un moyen de cultiver des liens sociaux. Cependant, cet univers de rencontres va vite se restreindre à celui du chemsex, créant ainsi un cercle où tout leur environnement social devient uniquement centré sur cette pratique* », explique la spécialiste. D'où la difficulté ensuite de pouvoir sortir de la spirale infernale qu'est l'addiction.

Isolement et consommation, le cercle vicieux de l'addiction

Mais qui sont ces jeunes qui tombent dans l'addiction au chemsex ? Pour le savoir, j'ai frappé à la porte de l'association Chem's Pause, engagée dans la prévention et la réduction des risques liés aux drogues et au sexe. Ce soir de décembre, je participe à un groupe de parole anonyme qui réunit plusieurs personnes dépendantes. Il a lieu chaque semaine dans un lieu associatif LGBTQIA+ en plein cœur du Marais. Dans la salle, dix hommes, âgés de 27 à 56 ans, venant de tous horizons sociaux et ethniques, se livrent sans fard et s'écoutent. Au cours de leurs témoignages spontanés, les mots « mensonge », « honte », « solitude » fusent très rapidement, comme ce pourrait être le cas dans n'importe quel autre groupe de parole dédié à une addiction.

Tous sont homosexuels et, pour beaucoup, leur parcours est imprégné de discriminations vécues depuis l'adolescence, un poids psychologique qui, pour certains, leur a laissé des vulnérabilités, les rendant sensibles à la promesse d'une sexualité débridée et désinhibée. La plupart du temps, ils ont une estime d'eux-mêmes profondément altérée, un rapport au corps compliqué et un fort sentiment d'isolement. « *Sous l'emprise des produits, je pouvais enfin me mettre torse nu face à d'autres hommes sans me sentir mal… J'avais l'impression d'enfin pouvoir plaire* », souffle un jeune homme complexé par son surpoids, abstinent depuis quelques mois.

« Comment gérer la solitude ? » Ce thème, choisi à l'unanimité par les participants, semble particulièrement résonner chez Mateo, 27 ans, que j'ai également l'occasion de rencontrer lors de ce groupe de parole. Depuis qu'il tente d'arrêter le chemsex, ce jeune Colombien installé en France depuis neuf ans, étudiant en marketing du luxe, multiplie les stratégies pour éviter de se retrouver seul et succomber à son irrésistible envie de consommer. À la fin de la séance, il s'approche de moi et m'invite à le rejoindre dans une salle à l'abri des regards, où il souhaite partager sa « plongée dans les ténèbres ». Ce garçon à la voix douce, qui appartient à la génération Z à laquelle je m'intéresse, est le seul à avoir accepté de raconter son histoire. En posant ses valises dans ce nouveau pays, il a d'abord découvert le monde des applications de rencontres comme Grindr qui lui a fait découvrir les « plans cul » et autres « coups d'un soir » jusqu'ici jamais expérimentés. Une hypersexualité débridée qui lui donnera l'illusion de calmer ses traumas et angoisses issus d'une enfance torturée. Cette spirale atteindra son apogée avec la découverte du chemsex.

« Je ne pouvais plus avoir un rapport sexuel sans prendre de la drogue »

En 2023, Mateo s'est connecté comme souvent à Grindr, en pleine nuit. « *Je contacte un homme d'une trentaine d'années à qui je demande de m'initier au monde des partouzes* », raconte-t-il. À l'aube, les deux se sont retrouvés dans un café place de la République, à Paris, en face d'un appartement où cette nouvelle connaissance participait à une « soirée chemsex » qui continuait de battre son plein malgré l'heure matinale. Lors de cette première rencontre, l'homme lui a ainsi versé du GHB dans sa boisson. Après que le produit a eu fait effet, Mateo est monté dans l'appartement et s'est trouvé rapidement dans un état d'euphorie. « *J'ai eu pour la première fois des rapports sexuels sous substances* », dit-il. Pendant 48 heures, il a erré de soirée en soirée, alternant des prises de 3-MMC et de GHB à travers tout Paris, grâce encore une fois à l'application Grindr. « *J'ai fini par arrêter parce que mon corps n'en pouvait plus* », admet-il. Le lendemain, une fois l'euphorie passée, il était envahi par des idées noires, en raison de la redescente des effets de la drogue.

Durant plusieurs mois, sa pratique du chemsex est restée occasionnelle, avant de devenir progressivement omniprésente. « *J'allais en soirée, un mec me plaisait, je prenais de la drogue et après, on avait un rapport sexuel. Pendant une période, je faisais du chemsex tous les week-ends. D'une certaine manière, j'ai l'impression que cela a commencé à biaiser ma sexualité, je ne pouvais plus avoir un rapport sans prendre de la drogue* », poursuit-il. En revenant sur les sensations que lui procurent ces substances au moment de l'acte sexuel, il explique que la drogue lui donne l'impression d'être anesthésié. « *Dans ces moments-là, je ne pense plus à tous mes traumatismes. Mais avant tout, ce qui maintient l'addiction, c'est l'isolement. L'isolement alimente la consommation et la consommation alimente l'isolement.* »

Au cours de ces innombrables soirées où il est chaque fois dans un état second, Mateo dit avoir été violé, expliquant que son état ne lui permettait pas sur le moment de s'opposer clairement à l'acte sexuel. « *J'ai dit non, mais personne n'avait rien à faire de mon consentement. De toute façon, j'étais tellement désinhibé que je n'arrivais pas à dire les choses clairement et partir. Quand tu es dans cet état, tu te rends compte de rien* », témoigne-t-il, la voix tremblante.

Parmi les hommes qui pratiquent le chemsex, il n'est pas rare que des abus soient révélés, le consentement étant « flouté » par la prise de substances. Dans un immense sentiment de culpabilité, ceux qui dénoncent ce genre d'actes s'estiment coupables. « *J'ai choisi d'être là, c'est normal que cela se passe de cette manière* », répètent-ils. Dans cette descente aux enfers, Mateo a été hospitalisé à deux reprises à la suite d'une overdose de GHB. Mais c'est finalement le suicide d'un ami proche, également addict au chemsex, qui fera office de déclic pour lui et l'incitera à se faire suivre par une infirmière qui l'accompagne depuis dans la réduction de risques. « *Grâce à son aide, j'ai mis en place des choses qui me permettent de ne plus être guidé par la drogue* », conclut-il.

Sexualité intense, à quel prix ?

Il arrive pourtant que le chemsex tue. S'il n'existe pas de données récentes sur les overdoses associées au chemsex, un rapport de 2019 de l'OFDT avait recensé 24 décès liés à cette pratique entre janvier 2008 et août 2017. L'absence de chiffres officiels sur le sujet s'explique par le fait que, bien que le chemsex existe depuis plus de vingt ans, il demeure peu étudié en France. « *Dans le milieu associatif, on estime que les chiffres sont largement sous-évalués*, estime Sébastien Quenu, le président de l'association Chem's Pause. *Le sujet n'intéresse pas et pourtant, des personnes meurent d'overdoses et leurs décès sont souvent attribués à des arrêts cardiaques ou des AVC pour faciliter les choses. En réalité, on sait que ces personnes avaient consommé, avaient eu des rapports sexuels et que des seringues étaient présentes sur les lieux, mais les médecins ne reconnaissent pas officiellement l'overdose liée au chemsex.* »

Dans le canal Telegram tenu par l'association, qui rassemble 300 consommateurs et consommatrices, les annonces de décès sont devenues presque trop courantes. Le 26 décembre 2024, un jeune homme d'une vingtaine d'années a été retrouvé, au petit matin, en arrêt cardiorespiratoire lors d'une « soirée chemsex » à Tourcoing, dans le nord de la France. Son histoire a été reprise par de nombreux médias. Entre le mois de septembre et le mois de novembre 2024, la professeure Hélène Donnadieu a, de son côté, perdu trois patients, une situation très rare dans sa carrière. En mars 2025, les députés ont voté une proposition de résolution qui réclame à l'État « une stratégie nationale de prévention » face au chemsex, une demande dont le gouvernement a pris acte en promettant des actions concrètes pour le mois de septembre de la même année. Sur l'invisibilisation des ravages du chemsex qui perdure néanmoins, Sébastien Quenu établit un parallèle avec les années sida. « *À l'époque, tant que cela restait limité au milieu LGBT, la situation n'inquiétait personne, car cela ne touchait que 10 % de la population. Mais dès que le phénomène s'est étendu au milieu hétéro, l'inquiétude est réellement apparue. Ce sera sûrement la même chose pour le chemsex* », déplore-t-il.

Chapitre 13

Baiser est devenu plus facile que de faire l'amour

En creusant derrière les discours de façade et les sourires convenus, je comprends que, à l'opposé de l'essor du « no sex », des codes BDSM (bondage, discipline, domination, soumission, et sado-masochisme) détournés de leur usage classiques ont aussi en réalité infiltré les fantasmes et les pratiques de nombreux jeunes de la génération Z. Cette génération n'est pas seulement la génération #MeToo, elle est aussi, contre toute attente, celle du fantasme de la violence poussée à son paroxysme. « *Baiser est devenu plus facile que de faire l'amour* », me confie un jour un jeune homme.

Fessées, strangulations, humiliations, morsures, griffures, gifles… Au sein de la génération Z, chacun a son « kink » – son fantasme pervers en français. Ces pratiques sexuelles autrefois marginales sont désormais entrées dans la case de la normalité pour ces jeunes adultes, qui trouvent dans la violence et l'humiliation une certaine excitation. Bien que beaucoup de jeunes m'aient confié préférer le « sexe vanille » (44 %), une part non négligeable d'entre eux m'ont également détaillé des pratiques BDSM.

Parmi ceux que j'ai interrogés, ils sont 37 % à avoir ainsi déclaré pratiquer du BDSM pur et dur, tandis que 58 % s'en tiennent à des gestes perçus comme plus légers selon eux, tels que les fessées ou les strangulations. Même la sodomie, autrefois taboue chez les couples hétérosexuels, est apparue aujourd'hui assez répandue chez les jeunes de mon échantillon : 50 % des jeunes engagés dans des relations hétérosexuelles m'ont confirmé l'avoir déjà expérimentée. Des études officielles, comme celles du Kinsey Institute [1], confirment cette tendance dans le monde entier, et assurent que ces pratiques étaient bien moins répandues dans les générations précédentes.

Comme me le confie Julie, au lit, elle fait partie de ces jeunes femmes qui attendent de l'homme une attitude « dominante » voire « agressive ». « *Oui, les fessées, c'est automatique dans mes relations sexuelles* », tranche l'étudiante, tout juste âgée de 20 ans, d'un ton

---

1. *The State of Dating Report* (« Rapport sur l'état du dating »), réalisé par l'application de rencontres Feeld et Justin Lehmiller, doctorant en sexologie et psychologie à l'Institut Kinsey, s'intéresse aux fantasmes et désirs des utilisateurs de l'application Feeld. L'étude a sondé 3 310 personnes, âgées de 18 à 75 ans, issues de 71 pays. Les résultats révèlent une augmentation des fantasmes dits « kink » parmi la génération Z, un phénomène qui s'aligne avec les recherches menées par l'Institut Kinsey, qui note que 56 % des jeunes adultes partagent des fantasmes similaires, un pourcentage significativement plus

qui oscille entre gêne et détachement. Avant d'enfoncer le clou : « *Clairement, ça fait partie de la baise classique pour pas mal de gens.* » Assise en tailleur sur son lit, la brune au visage poupin s'excuse des mots crus employés, puis continue de me raconter, sans fard, dans l'intimité de son petit appartement lyonnais, ce qui semble être devenu sa norme sexuelle. « *Petit à petit, le gars commence généralement à me tirer les cheveux, m'étrangler, me cracher dessus, et parfois, il me gifle…* » À ces mots, elle me toise comme pour tenter de lire ma réaction sur mon visage.

La façon dont elle prononce ces mots est frappante : pas d'émotion dans la voix, juste un constat, comme si tout cela faisait partie d'un scénario qu'elle rejouait incessamment, à chaque nouveau flirt. Elle ne parle jamais du plaisir ressenti, pas plus qu'elle ne questionne cette mise en scène. « *Avec mon deuxième copain, c'était devenu un automatisme. Il me donnait des claques un peu violemment, le but c'était de me faire mal, mais sans non plus me mettre par terre*, explique-t-elle d'un ton décontracté. *Inévitablement, j'ai reproduit ça avec mes partenaires suivants. C'est comme ça.* »

élevé que chez les générations précédentes. À titre de comparaison, les chiffres étaient de 52 % pour les Millennials, 31 % pour la génération X et 12 % pour les Boomers.

Rejouer son propre porno sous la couette

Le porno en accès libre sur les téléphones portables est le premier facteur de la banalisation de ces pratiques. En 2023, un rapport du Haut Conseil à l'Égalité [1] alertait sur le fait que les quatre géants du porno cumulaient 1,4 million de vidéos sadiques ou brutales, mettant en scène des pratiques ultra-violentes. Des vidéos qui exposent des étranglements (« choking »), des éjaculations multiples (« bukkake »), des pénétrations simultanées (« gangbang »), des étouffements par fellations profondes (« gagging »), ou encore des scènes de « torture » et de « surprise », certaines pouvant relever juridiquement de la torture ou de la barbarie.

Dans le milieu du porno, des voix se sont élevées depuis quelques années, à l'image de la réalisatrice et productrice de films X féministes Erika Lust qui alerte régulièrement à ce propos. En 2018, elle soulignait dans un article du *Guardian* la surenchère de violence envers les femmes dans les films pornographiques. « *Les gifles, le choking, le bâillonnement et le fait de cracher sur sa partenaire sont devenus l'alpha et l'oméga de n'importe quelle scène porno, et pas seulement dans un contexte BDSM* », affirmait-elle. En clair, ce qui autrefois relevait de pratiques marginales, voire taboues, s'est aujourd'hui complètement banalisé.

1. Rapport n° 2023-09-27 VIO-59 publié le 27 septembre 2023.

L'influence de la pornographie sur sa sexualité n'a pas échappé à Julie. « *Je ne sais pas si j'aurais pensé à faire une gorge profonde si je n'avais pas vu de porno* », plaisante-t-elle. Popularisée par les films pour adultes, il s'agit d'une pratique sexuelle orale, où la personne qui effectue la fellation enfonce en profondeur le pénis de son partenaire dans sa gorge, parfois jusqu'à l'étouffement. Soucieuse de ne pas choquer, Julie s'oblige à nuancer son propos : « *Même si on peut penser que ce sont des pratiques déjà tendancieuses, je n'ai jamais franchi la limite où on me fait saigner, par exemple. Pour moi, c'est juste du BDSM soft* », assure-t-elle.

Cet érotisme hardcore, je l'ai régulièrement rencontré dans les récits des jeunes dont j'ai croisé la route au cours de cette enquête. Des rapports sexuels teintés de BDSM semblent devenus indispensables à toute « bonne » séance de sexe à leurs yeux, même si beaucoup ne les rangeaient pas dans la case du BDSM. Pour eux, seuls les clichés du martinet, de la cravache et des cordages – en référence à la pratique du shibari [1] – justifient éventuellement l'étiquette de sexualité alternative. Pourtant, des pratiques ritualisées comme les fessées, la strangulation ou l'humiliation consentie relèvent déjà, en théorie, du domaine du BDSM.

---

1. Le « shibari » est un art japonais de bondage utilisant des cordes pour attacher le corps, mettant l'accent sur l'esthétique des nœuds et la mise en scène du lien entre les partenaires. Dérivé des techniques d'immobilisation des samouraïs, il est pratiqué aujourd'hui dans un cadre érotique et artistique, souvent pour explorer la confiance, la connexion émotionnelle, et le jeu de pouvoir consensuel entre les participants.

Au début de ce livre, Manon, 22 ans, me confiait avoir passé des heures, pendant ses vacances scolaires d'adolescente, à regarder des vidéos extrêmes (cf. Chapitre 1). Au point d'être « matrixée » par la pornographie, selon ses propres mots. Et comme beaucoup d'autres jeunes femmes de sa génération, la petite brune s'est rapidement mise à désirer des rapports de domination dans sa sexualité comme s'ils allaient de soi. Elle a ainsi souvent accepté, parfois même recherché, des pratiques humiliantes, allant jusqu'à se laisser étrangler, cracher dessus et frapper, confesse-t-elle. « *Dans mes relations sexuelles, c'était comme si je performais la pornographie. Il y avait des moments où je me disais : "Mets-toi comme ça, cambre-toi…"* », détaille-t-elle face à moi, sur un banc près du jardin des Tuileries, à Paris.

La jeune femme a aussi été un moment une adepte du « free use ». Avec ce concept issu de la pornographie, un des deux partenaires jouit de la liberté d'initier le rapport sexuel sans demander au préalable le consentement de l'autre, qu'importe que celui-ci soit éventuellement occupé, endormi ou en train de faire toute autre chose. Une pratique qui assume de jouer sur le fantasme du viol. « *C'était cette idée de détachement, presque animale. J'aimais l'idée de n'avoir aucune émotion, de ne rien ressentir. Cela me soulageait presque de ne pas devoir faire semblant d'être excitée. Je me sentais presque puissante, capable de faire deux choses à la fois* », justifie-t-elle.

Pris en étau entre le hardcore et le mouvement #MeToo, ces enfants des années 2000 constituent, de fait, une « génération cobaye ». Ce sont les mots employés par Ovidie, ancienne actrice X, devenue documentariste et militante féministe, lors d'une audition, en 2022, par la délégation aux droits des femmes du Sénat qui préparait un rapport d'informations sur les dérives de l'industrie pornographique. Face aux sénatrices, la militante avait décrit ce paradoxe : « *Cette génération entre dans la sexualité en étant biberonnée au porno. Mais en même temps, elle a été conscientisée aux notions de consentement. Ils sont très lucides, mais ça ne veut pas dire que le porno ne les influence pas.* »

De 50 nuances de Grey à ≠ KinkTok : quand la domination devient tendance

Le porno n'est pas l'unique cause de cet essor des pratiques BDSM. L'industrie cinématographique traditionnelle a aussi contribué, ces dernières années, à leur popularisation auprès de toute une génération. Et en la matière, c'est un film en particulier qui a servi de vecteur : *Cinquante nuances de Grey*, du réalisateur Sam Taylor Johnson, adapté d'une série de romans érotiques à succès de l'auteure britannique E. L James et décliné en trois épisodes entre 2015 et 2018.

Dans cette fiction de deux heures, le scénario est le suivant : une jeune étudiante en littérature anglaise sage et maladroite, Anastasia Steele, vierge et inexpérimentée en amour, tombe éperdument amoureuse de

Christian Grey, un homme d'affaires énigmatique, qui fera d'elle à la fois sa femme et sa soumise. Ce qui commence comme une romance bascule rapidement dans l'initiation au BDSM érotique, et pour l'héroïne dans la découverte des mœurs controversées de l'homme qu'elle aime. Entre eux s'établit ensuite une sorte de pacte sensuel empreint de contrôle et de soumission. Après chaque séance de sexe rythmée par les coups de cravache, Anastasia, le corps marqué, explore le frisson de l'abandon.

Une chose est sûre, les coups de martinet du séduisant Christian Grey ont eu un succès colossal : 125 millions de livres vendus, plus d'un milliard de dollars de recettes, et trois films triomphants au box-office. La trilogie de la romancière E. L. James a eu le pouvoir de transformer les « kinks » en purs produits de consommation. C'est le début du phénomène littéraire des « dark romances », qui rencontrent un immense succès auprès des jeunes filles. « Pas d'amour sans douleur » pourrait être le slogan de chacune de ces fictions. Ce nouveau genre littéraire qui érotise les relations toxiques, les tortures et les sévices sexuels, suscite l'inquiétude des parents et même des libraires. Accessibles sur la plateforme Wattpad, un site d'autopublication canadien, ces romances mélangent les fantasmes BDSM avec des imaginaires sexistes et violents.

En disant « oui » à la pratique du BDSM, Olivia, la jeune femme pansexuelle de 24 ans originaire de l'Oise (cf. Chapitres 1 et 4), estime au contraire avoir entamé sa propre « libération sexuelle ». Un terme qu'elle emploie pour parler de ce moment où elle a décidé de s'ouvrir à ses fantasmes. « *J'ai voulu voir ce que j'étais capable de faire* », assure-t-elle à propos de ses pratiques. Avec un de ses copains, elle a commencé de façon « soft » en utilisant des menottes ou en se donnant des ordres. Les insultes, les gifles, les griffures, les morsures ont ensuite rapidement fait partie de ses ébats. « *J'ai déjà demandé à plusieurs partenaires de me blesser, jusqu'à me faire saigner…* », confesse-t-elle aussi aujourd'hui. Un seul a accepté d'aller jusqu'à lui faire des entailles sur des zones du corps peu visibles comme le flanc. Un goût pour la violence qu'elle n'invoque pas à chaque relation sexuelle, mais qui a une fonction « cathartique », selon elle.

Le déclic est venu un jour où elle est tombée sur une vidéo TikTok qui parlait du « sexe violent » … « *Est-ce que tu aimes le sexe violent ou est-ce que c'est la seule façon de te faire du mal sans te mutiler ?* » était-il demandé dans cet extrait dont elle se souvient encore aujourd'hui. Qui aurait dit que TikTok, le réseau social préféré des adolescents, était aussi un refuge pour les adeptes du BDSM ? Et pourtant, sur les réseaux sociaux, le BDSM et les « kinks » se sont normalisés ces dernières années, devenant plus accessibles que jamais. Tout a commencé pendant la crise sanitaire, durant laquelle les hashtags #kinktok et #kinktiktok ont explosé, avec des vidéos de quinze secondes à trois minutes jouant sur les codes esthétiques du BDSM. Pour contourner la censure, certains utilisateurs ont trouvé des astuces, comme l'inversion de l'acronyme, donnant naissance à des hashtags tels que #MSDB ou encore #Chockedaddy (« Étrangle-moi papa » en français). En tapant les bons mots-clés, il est ainsi assez facile de basculer dans cette face méconnue de TikTok.

En recherchant ces mots-dièse évocateurs, je découvre encore toutes sortes de conseils, allusions sexuelles, textes érotiques, le tout enrobé de musiques lancinantes et d'ambiances feutrées. Dans l'une de ces vidéos, une jolie brune au carré court et à la frange droite secoue la tête en signe de dénégation. En sous-titres, on peut lire : « *Moi à 18 ans : "C'est mort, je ne ferai jamais de BDSM."* » Puis une version plus mature d'elle semble lui répondre qu'elle se trompe. Elle feint l'indignation, tandis qu'une voix off intervient : « *Si vous êtes ici, c'est que vous faites partie de cette liste.* » L'algorithme me propose ensuite le profil d'une autre TikTokeuse de 26 ans visiblement spécialisée dans le BDSM qui enchaîne les saynettes humoristiques, comme celle où elle fait mine de se faire kidnapper. En fond sonore, un homme censé l'avoir kidnappée affirme l'avoir laissée partir pour une seule raison : « *Ma main s'est retrouvée sur son cou. Elle me regarde droit dans les pupilles et me dit : "Plus fort."* »

Ne pas se méprendre : tous ces contenus ne sont pas pornographiques. La plateforme n'autorise ni la nudité, ni une quelconque activité sexuelle. TikTok tient à son image d'application lisse et destinée aux jeunes. Mais les voies de contournement sont nombreuses. Elles passent par l'humour, l'autodérision et surtout des métaphores évoquant systématiquement l'acte sexuel. On ne compte plus, aujourd'hui, le nombre de vidéos où l'on peut voir des jeunes femmes mimant l'excitation, les yeux mi-clos, sous des lumières tamisées. En légende, des phrases telles que « *Quand il m'étrangle pour rigoler alors que je suis un peu trop sensible* » ou encore « *Est-ce que je suis une salope ? Oui, peut-être... Mais une salope avec un diplôme* ». Toutes ces vidéos jouent sur la frontière entre humour et désir, suggérant subtilement une fascination pour les jeux de pouvoir et de soumission.

Du côté des garçons, les vidéos tournent souvent autour des « bonnes techniques » pour impressionner au lit. Encore une fois, l'étranglement est régulièrement mis en avant comme un geste supposément séduisant.

Fessées, claques, étranglement : le sexe en trois actes

« *Ma sexualité passe très souvent par de la violence physique : strangulation, fessées, claques... Je dois dire que j'ai banalisé ces gestes* », reconnaît l'un d'entre eux. Dans les vestiaires de foot, il n'est pas rare que les adolescents alors en pleine puberté se persuadent entre eux que « toutes les femmes aiment se faire étrangler », par exemple.

Ces pratiques assimilées au BDSM, Jeanne s'est, elle, retrouvée à en faire l'expérience dès sa « première fois », alors qu'elle avait seulement 18 ans. Deux gestes jugés anodins par certains l'ont alors fortement décontenancée voire sidérée. « *D'un coup, avec une confiance déconcertante, mon partenaire m'a donné une fessée, puis serré la gorge*, se rappelle-t-elle. *Je ne connaissais rien à ces codes et j'ai mis quelques minutes avant de réagir* », détaille-t-elle. La jeune femme a toutefois réussi à dire tout de suite à son partenaire qu'elle n'appréciait pas. Aussitôt le garçon, qui pensait impressionner, s'est excusé platement. Elle qui a grandi les yeux rivés sur des films d'amour à l'ancienne n'était pas préparée à une telle situation.

Une pratique revient donc en boucle parmi les témoignages : l'asphyxie érotique, ou « choking » en anglais. Un peu à la manière du jeu du foulard, elle vise à priver d'air son ou sa partenaire dans le but supposé de lui offrir des orgasmes plus intenses. La pression est souvent exercée sur la gorge avec les mains, mais aussi parfois avec une corde ou une ceinture. Les adeptes sont attirés par l'effet de vertige et de douleur associé à la privation d'oxygène et à l'obstruction de la circulation sanguine. Or, même dans la communauté BDSM, cette pratique est controversée et loin d'être anodine. Au-delà des risques psychologiques, elle peut endommager le cœur, le cerveau, le larynx, voire causer la mort. D'après une étude publiée en 2020 dans le *Journal of Sexual Medicine*, 21 % des femmes et 11 % des hommes avaient déjà été étranglé lors d'un rapport sexuel et cette pratique concernait alors environ 40 % des 18-29 ans.

L'asphyxie érotique, longtemps confinée au cinéma pour adultes – sa première apparition marquante remonte à *L'Empire des sens* de Nagisa Ōshima en

1976 –, s'est de fait progressivement immiscée dans un certain nombre de fictions adolescentes. Comme dans la série *Euphoria* (2019) de Sam Levinson, où la violence est une composante essentielle de l'intimité. Si, dans *L'Empire des sens*, l'asphyxie se présentait comme une pratique extrême au sein d'une relation sadomasochiste, dans *Euphoria*, elle se glisse dans une scène d'intimité entre deux lycéens. Dans un épisode marquant de la saison 2, Nate, le beau gosse du lycée, étrangle ainsi sa petite amie Cassie pendant plusieurs minutes. Une scène où la terreur de la jeune femme se mêle à une forme d'excitation, ce qui brouille évidemment les frontières pour les jeunes spectateurs.

Alors que dans le BDSM, la quête de « douleur » ou de « soumission » repose sur des dynamiques d'échange et de contrôle finement établis entre partenaires consentants, les jeunes qui réalisent ces mises en scène dans leur vie sexuelle ne mentionnent souvent aucune règle explicite. J'ai l'impression d'écouter, malgré moi, les récits d'une répétition approximative de ce qu'ils ont pu voir sur leurs écrans. Face à ce constat, de nombreuses jeunes femmes m'ont confié avoir remis en question ces automatismes hérités du porno mainstream qui, malgré elles, leur donne le sentiment d'être réduites à des « objets sexuels ». La sexualité est une conversation, un dialogue fragile et intime. Aujourd'hui pourtant, ces jeunes couples, souvent, ne se parlent pas sur l'oreiller. Ou du moins, ils n'ont pas tous les mots pour dévoiler leurs goûts, exprimer leurs envies, ni confier ce qu'ils redoutent. Alors, chacun avance à l'aveugle, et suppose les désirs de l'autre.

Chapitre 14

Plan cul rêve d'amour

L'amour, c'est mieux à deux. Au risque de surprendre, l'un des grands fantasmes d'une partie de la génération Z, c'est finalement… la monogamie. Alors qu'on pourrait penser que les relations libres ou le polyamour sont devenus leurs préférences, beaucoup de jeunes ont au contraire choisi de me parler d'exclusivité, de stabilité et de confiance mutuelle. À l'heure où les modèles relationnels se multiplient et où une relation peut se concrétiser en un *swipe*, un phénomène inattendu émerge donc : le retour en force du couple traditionnel. Il s'agit moins d'une norme imposée que d'une forme de valeur refuge, une réponse devenue rassurante face à la fluidité d'un univers amoureux en perpétuel mouvement.

Au cours de mes entretiens, 60 % des jeunes interrogés se sont ainsi déclarés « célibataires » et, souvent, avec des rêves de grand amour. Parmi ceux qui étaient en couple, ils étaient 75 % à exiger l'exclusivité contre 25 % en relation libre. Et malgré cette diversité, une tendance claire émergeait : 78 % des jeunes, toutes orientations sexuelles confondues, qu'ils soient célibataires ou en couple, envisageaient l'amour exclusivement dans le cadre d'un couple monogame. Des résultats alignés avec ceux du *State of Dating Report* de l'institut Kinsey (2024) [1], qui a montré que 81 % de la génération Z (1997-2012) idéalisait la monogamie exclusive, à l'inverse de la génération X (1965-1980) et des Millenials (1981-1996), plus enclins aux relations ouvertes ou polyamoureuses.

Le retour du couple à la « papa et maman »

Adèle, avec qui j'ai échangé à propos de son apprentissage de la sexualité (cf. Chapitre 4 ; Chapitre 6), fait partie de ces profils qui m'ont intriguée à ce propos. Elle est la sœur cadette de Joséphine, la jeune femme de 26 ans autrefois friande des applis de rencontres (cf. Chapitres 1, 7 et 11). Avec six ans de différence d'âge entre elles, je m'aperçois que leurs visions de l'amour ne pourraient être plus opposées, du moins au départ. Lorsque je rencontre Joséphine, l'aînée, au bois de Vincennes à Paris pendant l'été 2023, elle me décrit ses relations comme une suite d'aventures, une exploration libre des plaisirs. Dans la conversation, elle évoque Adèle, son parfait opposé, une romantique convaincue qui ne jure que par les relations stables.

1. *Op. cit.*

Intriguée par ce contraste entre elles, je lui ai demandé s'il était possible pour elle de me mettre en contact avec sa sœur. Leur cas raconte en filigrane cette différence au sein même de la génération Z : alors que les aînés ont exploré de multiples modes relationnels à l'ère du numérique, les plus jeunes semblent privilégier, pour la plupart, une quête d'authenticité et de stabilité. L'exemple est d'autant plus intéressant que les deux jeunes femmes ont grandi ensemble et ont reçu la même éducation.

Depuis l'enfance, la vie d'Adèle a ainsi été marquée par le rêve du grand amour, qui occupe une place importante dans sa façon de se projeter dans l'existence. Alors que je m'entretiens avec elle dans son petit appartement de Rennes, son téléphone vibre au milieu de la conversation. Un rapide coup d'œil à l'écran, et un sourire de satisfaction éclaire son visage : son copain l'appelle pour lui dire qu'il est déjà là, un peu en avance, prêt à l'emmener pour leur week-end en amoureux. Pour ne pas écourter notre échange, le jeune homme s'installe discrètement sur son lit, juste en face, un casque audio sur les oreilles, plongé dans ses jeux vidéo. Entre deux phrases, les deux s'échangent des regards timides, empreints de tendresse.

Avant cette rencontre, Adèle a vécu deux ans de célibat, sans la moindre interaction sexuelle, et s'en portait très bien. « *Pour moi, le sexe, ce n'est vraiment pas une fin en soi* », dit-elle. Une relation avec un *sexfriend* qui a finalement échoué l'a confortée dans sa décision d'attendre l'amour, le vrai. Or aujourd'hui, c'est chose faite : elle est amoureuse. Pétrie de romantisme, elle confie sa quête d'un amour absolu, qu'elle juge devenu trop rare. « *L'amour, c'est quelque chose que je veux vivre à 100 %. Je ne pense pas qu'on puisse vraiment se consacrer pleinement à une relation si on s'éparpille entre plusieurs personnes.* » Le couple exclusif, est pour elle un refuge, un espace sécurisant.

Comment comprendre ce désir de couple traditionnel, à contre-courant d'une époque où les relations amoureuses semblent de plus en plus s'affranchir des normes établies ? La période qui va de 18 à 30 ans s'est de plus en plus imposée, depuis l'après-guerre, comme l'âge des amours passagères et des explorations amoureuses, où les schémas traditionnels tendent à s'effacer devant des formes relationnelles plus libres. On pense inévitablement au roman *Bonjour tristesse* de l'écrivaine Françoise Sagan, dans lequel la jeune romancière décrit les amours libres de la jeune Cécile, 17 ans, qui fait l'amour sans aimer tout en échappant à une grossesse non désirée, contrairement au scénario courant dans la littérature de l'époque. La France pudibonde de 1954 s'était alors scandalisée, mais c'était déjà un point de bascule.

Or, aujourd'hui, aux relations de couple, histoires d'un soir et autres aventures éphémères s'ajoutent toute une série de nouvelles formes de relations, dotées d'une terminologie précise, qui sont venues brouiller un peu plus encore les frontières entre amitié et amour romantique. Face à la multiplication de ces relations éphémères et sans étiquettes, les périodes de célibat sont plus courantes entre chaque aventure, ce qui peut aussi expliquer en partie la baisse formelle des rapports sexuels rapportée par les enquêtes officielles.

Sexfriend, plan cul et situationship, l'usure du flou relationnel

En premier lieu, il y a le *sexfriend*, cet ami qui mêle complicité et désir sans les contraintes d'un couple. Pour beaucoup de jeunes, ces relations s'avèrent parfois être leur relation la plus durable dans leur parcours affectif et sexuel. « *Quand on est célibataire, on s'octroie des petits bonus* », me glissait une jeune femme de 24 ans à propos de cet ami, l'air malicieux. Depuis de nombreuses années, elle avait pris pour habitude de le recontacter à chaque rupture. Une relation dans les usages de cette génération, à différencier du « plan cul », considéré comme purement charnel et dénué d'un attachement quelconque. Mais le phénomène qui s'est surtout fortement développé au sein de la génération Z est celui de la « situationship ». Un entre-deux brumeux qui laisse planer le doute sur la nature de la relation pour éviter de trop s'engager. En tout, ils sont près de 40 % parmi ceux que j'ai suivis à avoir expliqué qu'ils avaient expérimenté au moins l'un de ces trois types de relations.

Ce cumul d'aventures aux noms divers et variés est synonyme d'une multiplication du nombre de partenaires depuis leur entrée dans la vie sexuelle, avec une moyenne de 11 pour les garçons et de 13 pour les filles au sein de mon échantillon. Au cours des douze derniers mois, les garçons avaient eu ainsi en moyenne trois partenaires sexuels et les filles quatre. Les enquêtes nationales récentes [1] confirment également une augmentation significative du nombre de partenaires sexuels au sein de la population générale.

Les relations sans attachements sont ainsi presque devenues un mode de vie pour Alice, 24 ans, qui me racontait plus tôt sa facilité déconcertante à rencontrer des hommes sur les applications de rencontres (cf. Chapitre 7). Avec son premier flirt de vacances à 18 ans, elle a découvert la légèreté de ces nouveaux modèles relationnels. Au moment de notre rencontre à l'été 2023, elle comptait parmi sa longue liste d'aventures sexuelles de nombreuses histoires éphémères qu'elle avait catégorisées comme suit : 14 coups d'un soir, 5 plans cul réguliers, et 7 aventures ambiguës où chacun avançait sans vraiment savoir ce qu'il attendait de l'autre. « *Aujourd'hui, les relations, c'est simple : on se rencontre, on couche ensemble, et on voit après* », explique-t-elle, d'un ton blasé.

1. Enquête CSF-2023 Inserm-ANRS-MIE ; Le nombre moyen de partenaires sexuels au cours de la vie chez les femmes de 18-69 ans ayant déjà eu un rapport sexuel a augmenté au fil du temps, passant de 3,4 partenaires en moyenne en 1992 à 4,5 en 2006 et à 7,9 en 2023. Pour les hommes, ces chiffres sont stables entre 1992 et 2006 (11,2 et 11,9 respectivement), et augmentent substantiellement pour atteindre 16,4 partenaires en moyenne en 2023.

Une mécanique relationnelle bien huilée qu'elle manie sans complexes, mais qui lui a valu quelques déceptions. En effet, derrière cette apparente maîtrise des règles du jeu se cache en réalité une certaine désillusion face à ces relations sans étiquette qui contribuent à semer le trouble. Elle se souvient notamment d'un « plan cul » synonyme pour elle de grande déception. Lors de son passage en fac de médecine, elle avait rencontré un garçon de son âge avec lequel elle avait rapidement noué une relation de ce type. « *Avec ce garçon, on n'était pas ensemble, mais on passait tout notre temps ensemble. Lui, disait qu'on était "plan cul", mais il m'emmenait au restaurant, au cinéma, il m'embrassait dans la rue, parlait de moi à ses parents...* », détaille-t-elle. Bien que cette nouvelle conquête lui ait répété à de multiples reprises qu'il ne tomberait jamais amoureux d'elle, Alice n'est pas parvenue à faire la part des choses. Dans l'espoir d'éveiller chez lui des sentiments, elle a continué d'entretenir une relation purement charnelle. « *Je continuais de coucher avec lui dans l'espoir qu'il m'aime...*, souffle-t-elle en étouffant un rire rempli de tristesse. *Mais au bout de six mois, il m'a quittée pour une autre. Personnellement, j'étais clairement amoureuse de lui. Cette histoire m'a détruite.* »

La légèreté n'empêche pas donc l'amertume. Bien qu'Alice continue d'entretenir ce type de relations floues, elle admet qu'elle rêve toujours de vivre un jour un grand amour. « *On a trop banalisé le fait qu'on peut avoir une relation sans officialiser* », déplore-t-elle.

Même si elle continue de multiplier les « plans cul » et autres coups d'un soir, elle s'estime incapable d'être en relation libre et croit fermement en la fidélité comme base du couple. « *Une relation, c'est deux personnes qui se choisissent, qui s'écoutent et se font confiance*, dit-elle. *Si tu veux aller voir ailleurs, tu quittes la personne, c'est tout.* »

Ce paradoxe qui consiste à vivre intensément des relations légères tout en aspirant à la stabilité du couple monogame traditionnel est loin d'être isolé chez les jeunes adultes rencontrés au cours de cette enquête. Ainsi, le schéma résonne aussi chez Hugo. Lorsque je le rencontre, le jeune homme de 20 ans fréquente une fille. Pour lui, cette dernière n'est ni son amoureuse, ni son amie. Il préfère ne pas poser de mots sur leur relation. « *Depuis un mois, on se voit fréquemment, mais on n'a jamais parlé de ce qu'on est l'un pour l'autre. C'est un peu flou, on agit comme un couple, mais sans jamais se dire ce qu'on est l'un pour l'autre. Je me rends compte que je n'arrive pas à verbaliser mes sentiments* », admet-il. La situation était exactement identique avec ses conquêtes précédentes. Tombé dans le manège des applications de rencontres, le futur ingénieur estime que ce flou artistique le rassure malgré tout, et qu'il n'est pas très friand des grandes promesses. Mais Hugo demeure, à l'entendre, un véritable cœur d'artichaut.

Avec chacune de ces conquêtes, il se comporte ainsi comme s'il était en couple, invitant ses partenaires au restaurant, au cinéma, ou en les accompagnant dans leurs virées shopping. Mais les sentiments, eux, ne sont jamais abordés… Peu importe qu'ils existent ou non. « *Même si j'aime bien la fille, je ne m'empêche pas d'aller faire des dates ailleurs sans l'avertir* », tranche-t-il. Dans sa relation actuelle, c'est aussi sa ligne de conduite, même s'il se sent de plus en plus coupable à l'idée de surfer ainsi sur les non-dits. « *Je ressens ce besoin de trouver celle qui coche toutes les cases* », explique-t-il. Ses relations se terminent ainsi souvent brutalement, au bout de quelques mois, avec en prime un *ghosting* en bonne et due forme, ce qui signifie qu'il disparaît complètement de l'environnement de sa partenaire et part sans donner de nouvelles.

Le sexe à consommer, les jeunes en ont assez

Si une partie de la génération Z s'épanouit complètement dans ce flou relationnel, presque théorisé par certains qui inventent toutes sortes de terminologies pour parler de ces « nouveaux couples », d'autres, au contraire, se retrouvent de plus en plus frustrés par la superficialité de ces rencontres et adoptent de nouveaux codes amoureux. Beaucoup m'ont ainsi confié qu'ils aspiraient désormais à « rencontrer quelqu'un avec qui construire quelque chose de solide », bien que l'idéal d'une relation stable leur paraisse parfois hors de portée dans l'immédiat.

Antoine en est un exemple parfait. À 23 ans, ce grand gaillard d'origine mauricienne, élevé dans un quartier pavillonnaire de Seine-Saint-Denis par ses deux parents comptables, témoigne sous couvert d'anonymat. Le jeune homme connaît bien le frisson des aventures éphémères, mais il ne tient plus à le vivre. Il s'est confié dans un café proche de la gare Saint-Lazare, un jour de printemps en 2024. Avec une certaine indifférence, il m'a raconté ainsi les aventures qui ont jalonné son parcours. Des rencontres rapides, souvent nées d'un « match » Tinder ou d'une demande d'ajout sur les réseaux sociaux.

Aujourd'hui, il a décidé de tirer un trait sur ces rencontres sexuelles qui ne le mènent nulle part, selon lui. « *Pour moi, la sexualité c'est comme l'alcool ou le tabac, c'est cool mais il ne faut pas en abuser. Et franchement, c'est encore mieux de ne pas la pratiquer, tant que nous ne sommes pas dans une vraie relation* », dit-il. Un discours traditionnel, né d'une remise en question en pleine crise sanitaire : déprimé, le jeune homme était un peu perdu dans ses études et a décidé de se tourner vers les valeurs de la religion catholique. Il a revu depuis sa conception des relations amoureuses du tout au tout, dit qu'il ne veut plus de « fausses relations », mais une relation d'amour.

Un besoin d'authenticité qui résonne également chez les jeunes hommes gays, pourtant soumis à d'autres formes d'injonctions. Guillaume, 25 ans, illustre bien ce paradoxe. « *Dans la communauté gay, dire "je t'aime", cela prend souvent du temps*, lâche-t-il ainsi. *C'est pareil pour les hétéros, mais on est tombés dans ce cliché où nous* [au sein de la communauté gay] *nous considérons souvent comme rien d'autre que de potentiels partenaires sexuels* », ajoute-t-il. Tiraillé, le jeune homme se dit mal à l'aise face à ce qu'il considère comme les codes dominants de la communauté gay, qui valorisent la liberté relationnelle et érotique mais dévalorisent implicitement, selon lui, le désir d'une stabilité sentimentale. « *Si je voulais simplement du sexe, je m'en foutrais, mais moi je rêve d'autre chose. Je ne supporte plus de m'être enfermé dans l'image qu'on attend de moi* », s'agace-t-il.

« *Qu'est-ce qu'on est l'un pour l'autre ?* »

En écoutant un épisode du podcast « Contre-soirée » d'Anna RVR, une influenceuse très suivie par les jeunes femmes de la génération Z, j'ai entendu la parfaite définition du fameux flou relationnel qui régit désormais les « nouveaux couples » et semble lasser beaucoup d'entre eux. « *Même ma relation la plus sérieuse ne l'était pas vraiment* », confie ainsi dans ce podcast la jeune femme de 26 ans, qui qualifie volontiers son parcours amoureux de « chaotique ». « *La situationship peut durer un an, deux ans, trois ans. On dort l'un chez l'autre, on est exclusifs, mais sans jamais nommer ce qu'on est, et cela rend "zinzins"* », explique-t-elle à sa communauté. Tout au long de l'épisode, elle décrit ce doute constant que j'ai observé chez nombre de jeunes femmes de son âge. « *Qu'est-ce qu'on est l'un pour l'autre ?* » Cette fameuse question résume bien les incertitudes qui pèsent aujourd'hui sur la vie amoureuse de toute une génération. Combien de jeunes femmes et de jeunes hommes ont en effet hésité à la poser, de peur de faire fuir leur « crush [1] », après plusieurs semaines, voire parfois des mois à se fréquenter ?

Après avoir vécu les expériences qu'elle souhaitait, Manon a ainsi longtemps eu peur de dire que le couple exclusif la sécurisait émotionnellement. La jeune femme de 22 ans est persuadée que sa génération a un problème avec l'engagement. Et lors de ma première rencontre avec elle fin 2023, elle se questionne sur les intentions d'Hugo, ce garçon avec qui elle entretenait une relation floue à l'époque. Hugo, le fameux adepte des *situationships* que j'ai moi-même rencontré dans le cadre de cette enquête et qui nous a mises en contact. En réalité, il m'avait présenté Manon comme une « amie », et c'est à l'occasion de mon entretien avec la jeune femme que j'ai découvert qu'ils avaient entretenu une relation très intime pendant plusieurs mois. Si l'on devait définir cette relation, on dirait certainement qu'elle avait tout d'une *situationship*. Depuis notre premier entretien, Manon est en couple exclusif avec un autre garçon et n'aspire désormais à rien d'autre que cette sincérité partagée.

1. Le mot « crush » est un anglicisme qui désigne pour les ados et les jeunes adultes une attirance pour quelqu'un, un désir, une pulsion. Il fait généralement référence à un sentiment passager.

Désirer « l'amour ouf », loin des standards actuels

Cette cruelle envie de romantisme, elle s'incarne au moment où j'écris ces lignes à travers le succès inattendu de *L'Amour ouf*, ce film de Gilles Lellouche sorti en salles en novembre 2024. Au box-office français, le film a frôlé la barre des 5 millions d'entrées, un score en grande partie dû aux jeunes spectateurs, qui sont allés le voir en masse si on en croit les professionnels du secteur, mais aussi au nombre impressionnant de jeunes filles de moins de 20 ans qui ont rempli la moitié des sièges dans les salles obscures, ce que j'ai moi-même pu observer.

Qu'est-ce qui touche tant ces jeunes femmes dans cette épopée amoureuse tout droit sortie des années 1980 ? Le scénario nostalgique d'une époque sans téléphone portable tient en quelques lignes : Jackie et Clotaire tombent amoureux, ils ont 14 ans et toute la vie devant eux. Elle est de la classe moyenne supérieure, lui de la classe populaire. L'histoire d'amour entre ces deux adolescents vivant dans le bassin minier incarne quelque chose de ce désir de romantisme, de cette quête générationnelle observée d'un entretien à l'autre, celle de la passion amoureuse idéalisée, opposée à la stabilité fade et sans relief d'une vie rangée ou consommée par à-coups à partir d'une application de rencontres. Cependant, au-delà de son vernis romantique, la relation des deux personnages révèle aussi une part toxique. Les premiers échanges des deux tourtereaux versent soit dans les insultes, soit dans les provocations. La jeune fille, elle, ne cesse de s'oublier dans cette relation, au risque d'être mise en danger par son petit ami ou de négliger ses études sous son influence. Très vite, le jeune Clotaire ne tarde pas à tomber dans la violence et se retrouve en prison. Mais même après dix années passées derrière les barreaux, il ne songe qu'à revoir sa Jackie. L'exclusivité de la relation est absolue ; la dimension sacrificielle de l'amour tout autant.

Le phénomène « *Amour ouf* » est devenu concret à la sortie du film, se répandant sur les réseaux sociaux comme une traînée de poudre, notamment sur TikTok. Eh oui, encore lui ! De nombreux témoignages d'adolescentes et jeunes adultes exprimant leur envie profonde de vivre à leur tour un « amour ouf » ont soudainement éclos dans des myriades de courtes vidéos. Beaucoup de jeunes filles se sont identifiées à l'héroïne, visiblement bouleversées par son dilemme et trouvant dans une phrase lancée à son père un écho à leur propre vie. « *Je vais bien, mais ce n'est pas suffisant* », dit en effet le personnage de Jackie à son père pour expliquer son choix de retourner avec son amour de jeunesse. Toutes en tout cas revendiquent un amour unique, capable de les transformer, et refusent de se contenter d'une relation tiède ou floue. Parce qu'au fond, pour elles, « bien, c'est pas assez ». Après la révolution sexuelle, place donc à la révolution romantique.

Conclusion

Révolutionner l'amour

Révolutionner l'amour pourrait être la nouvelle ambition des générations à venir. Après avoir été frappés de plein fouet par l'irruption du numérique, qui a bouleversé à jamais leur perception de la sexualité, certains commencent à repenser l'intime sous un jour nouveau. *Exit* le porno qui a imposé à leurs cerveaux en construction une vision réductrice et sexiste de l'acte sexuel, au risque de transformer ce moment de communion en un simple moyen de prouver sa « valeur » sur le marché de la baise.

Une nouvelle réalité s'impose ainsi aujourd'hui : celle d'une génération qui repense toutes ses relations intimes à l'aune du « consentement ». Après avoir reproduit le script pornographique sans le questionner pendant des années, les jeunes de la Gén Z arrivent parfois à saturation de ces aventures où personne ne se regarde, ne se parle et ne s'écoute. Leur nouvelle lecture de l'intime apparaît aujourd'hui comme un élément de réponse pertinent à apporter à la chute des rapports sexuels observée sur le plan statistique.

Entre hypersexualisation et abstinence, n'y a-t-il pas finalement qu'un pas ? En tout cas, la réalité de ces jeunes se situe bien souvent à mi-chemin entre ces deux extrêmes qui, loin de s'opposer, se nourrissent parfois l'un l'autre. Comme je l'ai déjà évoqué, durant les vingt-quatre mois où j'ai mené cette enquête sur la sexualité de la Gén Z, 14 % des jeunes interrogés ont affirmé n'avoir eu aucun partenaire sexuel au cours de l'année écoulée, tandis que 46 % n'en comptaient qu'un seul – des chiffres en dessous de certaines enquêtes officielles menées au niveau national. Entre les lignes, ces chiffres traduisent, entre autres, de plus grandes périodes de célibat, une profonde solitude aussi parfois et ce, malgré un cumul de relations éphémères dont certains semblent voir le bout. Au sein des couples comme pour les célibataires, cette baisse des rapports sexuels est aussi à mettre en relation avec une nouvelle définition de la sexualité, où la contrainte n'a plus sa place.

Que les jeunes ne courent plus après la sexualité n'est donc pas nécessairement inquiétant. La situation est aussi en grande partie liée à l'émergence du mouvement #MeToo, qui a profondément redéfini les relations entre les hommes et les femmes notamment, un phénomène particulièrement marqué chez les jeunes rencontrés lors de cette enquête. Les minorités sexuelles sont elles aussi très touchées par ces discours. La notion de consentement occupe ainsi une place centrale dans les discussions, et devient un enjeu crucial dans les chambres à coucher. Dans leur intimité, les jeunes couples s'astreignent à verbaliser chaque acte sexuel, et à dire « non » catégoriquement lorsque l'envie n'est pas là.

Avec le choix d'une sexualité plus verbale pour certains, c'est donc un véritable tournant romantique qu'amorce cette génération, un retour aux émotions. Et c'est à elle, au final, qu'il revient désormais de redéfinir, main dans la main, une sexualité où la parole peut surgir sans tabou. Une sexualité où chaque instant devient une invitation à une conversation intime, ouverte, et où la complicité se tisse dans la liberté absolue d'être soi.

Remerciements

Deux années à sillonner la France à la rencontre de ma génération. Naturellement, je tiens à remercier tous les jeunes qui m'ont fait confiance pour recueillir leur parole sur un sujet aussi complexe que peut l'être le sexe. Vous m'avez ouvert les portes de votre intimité, et j'ai conscience que pour certains, ce n'était pas forcément chose facile.

Je voudrais remercier ceux qui n'ont pas hésité à me tenir au courant de leur évolution, en partageant leurs pensées parfois jusque tard le soir. Votre implication dans cette enquête m'a été précieuse. Vos histoires n'ont cessé de m'accompagner tout au long de l'écriture de ce livre. Et chaque page transpire de vos expériences individuelles.

En écoutant le récit de vos premières fois, de vos premiers émois, de vos hontes, de vos traumatismes ou de vos angoisses face à l'avenir, j'ai beaucoup appris. En vous rencontrant, j'ai eu le sentiment d'appartenir à une génération par endroits plus perdue, mais aussi plus lucide. J'espère que ce livre traduit au mieux cette nuance et ces contradictions.

Je voudrais aussi remercier tous les experts qui m'ont fourni leurs analyses, qu'ils soient gynécologues, sexologues, infectiologues, addictologues, sociologues, avocats, infirmières scolaires, acteurs associatifs ou même créateurs de contenus. Vos observations et remarques m'ont permis de fonder mes hypothèses et de dérouler un raisonnement qui permette de donner un sens aux paroles de ces jeunes.

Merci donc à Anne Bouillon, Arnaud Alessandrin, Aurore Malet-Karas, Charles Cazanave, Sébastien Quenu, Félix Dussault, Florence Thune, Ghada Hatem, Hélène Donnadieu, Hélène Dumont, Hélène Lauzière, Janine Lasuz-Lavau, Manon Lugas, María Hernández-Mora, Mélanie Gire, Pauline Ferrari, Sarah Durocher, Violaine Mangin… Merci aussi aux sources anonymes, dont je dois taire le nom.

Merci à Sandie Rigolt, mon éditrice et attachée de presse, pour sa douceur, sa patience, son accompagnement et sa fine relecture.

Merci aussi à ma maison d'édition, et notamment à sa directrice, Sophie de Closets, pour sa confiance.

Ce livre n'aurait pas existé non plus sans Élise qui a cru en moi depuis les bancs de mon école de journalisme jusqu'à aujourd'hui. Je la remercie de m'avoir toujours soutenu et de m'avoir suivi dans ce projet du début à la fin.

Merci à mes parents, Alain et Danièle, de m'avoir donné une éducation qui m'a laissé croire dès l'enfance qu'il n'était pas vain d'avoir des rêves. Ce livre était un de ces rêves tenaces.

Merci à Alex Heyoka pour avoir supporté mes humeurs pendant ces deux années d'enquête et d'écriture parfois intenses. Sa présence, son regard et son esprit critique m'ont guidé à chaque minute. Je voudrais aussi le remercier pour tous les précieux contacts qu'il m'a donnés et qui ont nourri ce livre.

Merci à tous mes amis, ceux qui étaient dans la confidence et ceux qui ne l'étaient qu'à moitié. Je les remercie d'avoir accepté de ne pas toujours bien comprendre ce que je faisais de mes week-ends et de ne pas me poser de questions pour autant.

LE LEXIQUE DE LA GÉN Z

❤ 💍 *Le dico du cœur* 💍 ❤

• **Bodycount :** « Un bodycount » désigne ce qu'on pourrait appeler un CV relationnal ou plutôt soyont direct : le nombre de partenaires sexuels qu'une personne a eus dans sa vie.

• **Crush :** Un « crush » désigne cette attirance soudaine pour quelqu'un. C'est un peu comme un coup de cœur, mais sans les fleurs, ni les déclarations enflammées. En résumé, c'est un béguin secret sans aller jusqu'à proposer un café ou un dîner. Avoir un « crush », c'est rêver de passer à l'action, mais ne pas encore oser le faire.

• **Coup d'un soir :** Un « coup d'un soir » désigne une relation sexuelle occasionnelle, généralement unique et sans engagement émotionnel à long terme. C'est un peu le fast-food de la romance : rapide, intense et sans contraintes.

• **Dater :** Un « date » est un rendez-vous amoureux, où il s'agit de savoir si vous êtes fait pour vivre une histoire ou si vous allez juste passer à autre chose après le dessert. En résumé, c'est un synonyme dérivé du verbe anglais « to date », qui signifie « sortir avec quelqu'un » ou avoir un « rendez-vous amoureux ».

• **Friendzone :** La « friendzone », c'est cette situation où une personne est attirée par quelqu'un, mais où elle est perçue par l'autre uniquement comme un ami. Autrement dit, les deux n'ont aucune chance de dépasser le stade de la simple camaraderie.

• **Ghosting :** Le « ghosting », c'est quand une personne avec qui vous avez flirté pendant des jours, voire des semaines, disparaît soudainement de votre vie, sans aucune explication. C'est comme si cette personne s'était volatilisée, laissant juste un vide et un tas de questions sans réponses. Évidemment, c'est encore un anglicisme qui fait référence au mot « ghost » en anglais, qui signifie « fantôme » car la personne qui « ghoste » devient alors aussi invisible qu'un fantôme.

• **Love-bombing :** Le « love-bombing » désigne une stratégie où quelqu'un, souvent au début d'une relation, inonde la personne convoitée de déclarations d'amour, de compliments excessifs, de cadeaux et d'attentions de manière très intense et rapide. Même si cela peut sembler très flatteur, c'est une technique de manipulation qui vise à rendre dépendante la personne convoitée. C'est un peu comme une explosion de « je t'aime » et de câlins, mais qui fait un peu trop de bruit pour être honnête.

• **Match :** Le terme de « match » désigne ce moment où deux personnes expriment mutuellement un intérêt, généralement sur des applications de rencontre comme Tinder qui a d'ailleurs popularisé ce terme. L'idée est simple : lorsque tu vois un profil qui te plaît, tu glisses vers la droite (ou tu appuies sur le bouton « j'aime »). Si la personne en face fait de même lorsque ton profil apparaît, un « match » est créé, signifiant que l'attirance est réciproque.

• **Netflix and chill :** L'expression a évolué au fil du temps. À l'origine, elle faisait référence au fait de regarder des films ou des séries sur Netflix. Mais dans le langage de la Gén Z, l'expression est souvent utilisée de manière ironique ou subtile pour désigner un rendez-vous intime, parfois sans que cela soit explicitement dit. En réalité, « Netflix and chill » devient souvent un code pour « regarder des films ensemble » avec l'intention sous-jacente d'aller plus loin.

• **Plan cul :** Le « plan cul », c'est un peu comme le fast-food des relations : rapide, sans prise de tête et sans attentes après le sexe. C'est une relation purement charnelle entre deux personnes, sans engagement affectif ou relationnel, mais qui peut durer dans le temps. Généralement, c'est le genre de rencontre où l'on se dit : « Pas de sérieux, juste du fun ! »

• **Polyamour :** Le « polyamour », c'est l'idée que l'on peut aimer plusieurs personnes à la fois, sans trahir personne, et sans se limiter à un seul partenaire. En clair, une personne polyamoureuse cumule plusieurs relations amoureuses à la fois. C'est comme avoir plusieurs desserts au menu – chacun a son goût unique et il n'y a pas de raison de ne pas tous les goûter !

• **Relation libre :** La « relation libre », c'est un peu comme un restaurant à volonté : on peut goûter à tout ce qu'on veut sans s'engager à manger uniquement dans son assiette. C'est une relation où chacun est libre d'avoir des relations sexuelles avec d'autres personnes, mais où il existe tout de même un lien spécial entre les deux partenaires. Un mélange de liberté et de complicité, mais sans la pression du « c'est moi ou rien ».

• **Sexfriend :** Un « sexfriend » (de l'anglais « sex » et « friend », soit « ami sexuel ») désigne un partenaire avec qui on entretient une relation d'amitié, mais en incluant un petit bonus sur le plan sexuel. En clair, les deux personnes se retrouvent quand l'envie se fait sentir, sans jamais faire des promesses d'amour éternel. Dans cette relation, il s'agit plutôt d'un échange de bons procédés (et de bons moments par la même occasion).

• **Situationship :** Une « situationship » est une relation aux contours flous, où ni l'un ni l'autre des partenaires n'a vraiment défini ce que chacun est l'un pour l'autre. Ce terme hybride, combinant « situation » et « relationship » en anglais, désigne une relation sans étiquette officielle, ce qui signifie que les partenaires partagent des moments ensemble comme aller au restaurant ou passer des dimanches soirs à *binge-watcher* Netflix sous la couette, mais sans aucun engagement clair. En résumé, c'est une relation qui existe, mais sans label ni promesse d'avenir, comme un entre-deux qui laisse souvent place à beaucoup d'incertitude.

• **Stalker :** Le terme « stalker », c'est l'art (ou plutôt le vice) de traquer quelqu'un sur les réseaux sociaux pour connaître tous les détails de sa vie, souvent sans qu'il en ait conscience. De TikTok à Instagram, toutes les plateformes sont des terrains de chasse idéaux pour « stalker » les personnes qu'on convoite ou bien ses « ex ». Et ça ne s'arrête pas là : on peut aller jusqu'à explorer le profil des amis, de la famille, et tout ce qui peut donner un aperçu de la vraie vie de la personne. C'est un peu comme mener une enquête, mais sans l'autorisation de la personne concernée.

• **Swiper :** Le mot « swiper » fait référence au geste de faire glisser son doigt sur l'écran d'une application de rencontres, à la recherche de l'amour ou d'un coup d'un soir. Inscrit dans les habitudes amoureuses des utilisateurs des applis de rencontres, « swiper à droite » permet d'exprimer son intérêt pour le profil d'une personne, tandis que « swiper à gauche » témoigne de son désintérêt.

• **Trouple :** Un « trouple » désigne une relation amoureuse impliquant trois personnes consentantes, souvent avec des sentiments réciproques. En réalité, c'est un ménage à trois comme disent les anciennes générations.

■ *Le dico des identités* ■

• **Asexuel :** Une personne asexuelle est quelqu'un qui ne ressent pas d'attirance sexuelle envers les autres ou qui éprouve une attirance sexuelle très faible. L'asexualité peut être considérée comme un spectre, allant de ceux qui n'éprouvent jamais d'attirance sexuelle à ceux qui en éprouvent dans des circonstances très spécifiques. Cela ne veut pas dire qu'on est insensible aux émotions ou aux relations amoureuses, simplement qu'on ne met pas l'accent sur l'aspect sexuel dans une relation.

• **Aromantique :** Une personne aromantique est quelqu'un qui ne ressent pas d'attirance romantique envers les autres. Autrement dit, ils n'éprouvent pas le désir ou l'envie de vivre des relations amoureuses, même s'ils peuvent avoir des amitiés profondes et significatives. L'aromantisme n'empêche pas d'avoir des liens affectifs ou amicaux forts, mais l'aspect romantique, souvent lié à la notion de couple, n'est tout simplement pas une priorité ou un besoin pour eux.

• **Biromantique :** Une personne biromantique est quelqu'un qui peut ressentir une attirance romantique envers des personnes de deux genres différents, mais cela ne signifie pas nécessairement une attirance sexuelle. Cela concerne donc les liens affectifs et amoureux. Par exemple, une personne biromantique pourrait être attirée romantiquement par quelqu'un du genre masculin et par quelqu'un du genre féminin, sans que cela soit lié à une attirance purement sexuelle.

- **Bisexuel :** Une personne bisexuelle est quelqu'un qui peut ressentir une attirance sexuelle et romantique envers des personnes de plus d'un genre, généralement à la fois envers des personnes du genre masculin et féminin. Cela ne signifie pas que l'attirance est nécessairement égale pour les deux, mais plutôt qu'ils sont ouverts à la possibilité d'aimer ou d'être attirés par des individus, masculins comme féminines.

- **Cisgenre :** Une personne cisgenre est quelqu'un dont l'identité de genre correspond au sexe qui lui a été attribué à la naissance.

- **Demisexuel :** Une personne demisexuelle est quelqu'un qui ne ressent d'attirance sexuelle qu'après avoir établi une connexion émotionnelle profonde. Autrement dit, l'attirance sexuelle ne se déclenche pas à première vue ou de manière instantanée, mais se développe lorsque des liens affectifs forts sont créés.

- **Gender fluid** : Une personne gender fluid (ou fluide de genre) est quelqu'un dont l'identité de genre peut changer au fil du temps. Cela signifie que cette personne peut se sentir homme, femme, un mélange des deux, ou aucun des deux à différents moments, en fonction de ses émotions, de son environnement ou de ses expériences.

- **Homoromantique :** Une personne homoromantique est quelqu'un qui ressent une attirance romantique envers des personnes du même genre qu'elle sans éprouver nécessairement d'attirances sexuelles.

• **Non-binaire :** Une personne non-binaire se reconnaît parfois dans le féminin, parfois dans le masculin ; elle peut aussi s'identifier au genre masculin et féminin, ou bien encore se projeter ni dans l'un ni dans l'autre.

• **Pansexuel :** Une personne pansexuelle peut ressentir une attirance sexuelle ou romantique pour des individus, indépendamment de leur genre. Être pansexuel, c'est se dire que l'amour et l'attirance ne connaissent pas les frontières du genre et qu'on peut être attiré par une personne pour ce qu'elle est. Dans ce contexte, la personne peut aussi bien être attirée des individus masculins, féminins ou transgenres.

• **Polyromantique :** Une personne polyromantique est quelqu'un qui ressent une attirance romantique envers des personnes de plusieurs genres à la fois, mais pas nécessairement tous. Le terme évoque la possibilité d'avoir plusieurs relations amoureuses ou romantiques en même temps, tout en étant attaché à chacune d'elles de manière significative.

• **Polysexuel :** Une personne polysexuelle est quelqu'un qui peut ressentir une attirance sexuelle pour plusieurs genres, mais pas nécessairement tous. Cela signifie que, contrairement à la pansexualité qui englobe tous les genres, la polysexualité implique une attirance pour plusieurs genres spécifiques, mais pas nécessairement pour chaque genre existant.

• **Transgenre** : Une personne transgenre est quelqu'un dont l'identité de genre diffère du sexe biologique qui lui a été attribué à la naissance. Cela signifie qu'une personne transgenre peut s'identifier au genre, qui correspond davantage à son ressenti. Par exemple, une personne qui naît avec des organes géniaux féminins mais qui s'identifie comme homme est un homme transgenre.

Le dico du cul

• **Anulingus** : L'anulingus désigne la pratique sexuelle consistant à lécher ou à stimuler l'anus de son partenaire avec la langue. Cette pratique est parfois également appelée « cunnilingus anal ».

• **BDSM** : Le BDSM est un acronyme qui désigne un ensemble de pratiques sexuelles et relationnelles basées sur la Bondage (attacher, lier), la Discipline (règles et comportements), la Dominance et Soumission (relations de pouvoir), et le Sadomasochisme (jeu autour de la douleur et du plaisir). Ces pratiques impliquent souvent des jeux de pouvoir, des rôles de domination ou de soumission, et peuvent inclure des activités comme l'attache, la fessée, ou d'autres formes de douleur consensuelle. L'élément essentiel du BDSM est le consentement : toutes les pratiques sont convenues à l'avance, dans un cadre sécurisé et respectueux des limites de chacun. La communication est clé, et les partenaires s'assurent que tout ce qui se passe est voulu et agréable pour les deux parties. En règle générale, il existe un « safe word » (« mot de sécurité » en français) qui permet de signaler que la personne soumise souhaite arrêter le rapport sexuel.

• **Bukkake** : Un « bukkake » est un acte sexuel dans lequel une personne – le plus souvent une femme – se fait éjaculer dessus par plusieurs partenaires masculins. Cette pratique est utilisée autant dans les relations hétérosexuelles, que bisexuelles et homosexuelles. À l'origine, cette pratique est issue de la pornographie japonaise et a été popularisée par la pornographie mainstream la plus violente.

• **Choking** : Également surnommée l'« asphyxie érotique », l'étranglement pendant le sexe ou « choking » peut être une pratique aussi excitante que dangereuse. Certains la considèrent à haut risque, mais elle se banalise dans les relations sexuelles des jeunes qui pensent souvent que cela fait partie des gestes incontournables, lors d'une relation intime. Généralement, on définit le choking comme l'arrêt ou la restriction de la respiration d'un partenaire sexuel par l'utilisation des mains ou de liens autour du cou.

• **Double pénétration** : La double pénétration (souvent abrégée DP dans le langage porno) est une pratique sexuelle où deux personnes pénètrent simultanément une troisième. Popularisée par la pornographie hardcore, cette pratique peut aussi être réalisée à l'aide d'un sex-toy.

• **Éjaculation faciale :** L'éjaculation faciale est une pratique sexuelle qui consiste pour un homme à projeter son sperme sur le visage de son ou sa partenaire. Cette pratique a été popularisée dans les films pornographiques *mainstream*, qui l'utilisent comme conclusion de nombreuses scènes, tout comme d'autres types d'éjaculations, que ce soit sur la poitrine ou les fesses. Dans le privé, les jeunes couples la pratiquent aussi en reproduction de la chorégraphie de la pornographie.

• **Face-fucking :** La pratique du « face-cucking » (« baisage de gueule », en français) consiste pour l'homme à faire des vas et viens dans la bouche de son ou sa partenaire, poussant même le mouvement à son paroxysme en l'étouffant.

• **Free use sex :** Le terme de « free use », ou littéralement « usage libre », désigne cette pratique qui consiste à être sexuellement « utilisé » par un partenaire à tout moment et n'importe où, peu importe si la personne est occupée ou non. Autrefois considérée comme une niche, cette pratique a été popularisée par de nombreuses vidéos pornographiques qui normalisent le « fantasme de viol ».

• **Gorge profonde :** La pratique de la « gorge profonde », popularisée par les films pour adultes, est une pratique sexuelle orale, où la personne qui effectue une fellation enfonce en profondeur le pénis de son partenaire dans sa gorge, parfois jusqu'à l'étouffement.

• **Hardcore :** Le terme « hardcore » désigne généralement une catégorie de pratiques, de films ou de contenus qui sont considérés comme extrêmes, intenses ou explicites. Dans le contexte de la pornographie dite « hardcore », les scènes sexuelles sont explicites, violentes ou percutantes, en comparaison avec des contenus plus doux ou suggestifs.

• **Orgasme prostatique :** L'orgasme prostatique désigne un orgasme atteint par la stimulation de la prostate, une glande située à l'intérieur du rectum chez les hommes. Cette stimulation peut être effectuée par voie anale, à l'aide des doigts, d'un sex-toy, ou pendant un rapport sexuel. La stimulation de la prostate peut provoquer des sensations intenses, parfois plus profondes ou plus diffuses que l'orgasme masculin classique, lié à la stimulation du pénis. Même dans la jeune génération, cela reste néanmoins une pratique taboue pour les hommes hétérosexuels.

• **Sexe vanille :** Le « sexe vanille », c'est le sexe classique, sans chichis ni accessoires excentriques. Pas de bondage, pas de jeux de rôle, juste de l'intimité basique et agréable. C'est un peu comme une glace à la vanille : simple, doux, mais finalement peu pratiqué dans cette génération biberonnée à la pornographie.

• **Softcore :** La « pornographie soft », parfois traduit en français par « pornographie douce », est une forme de pornographie ou d'érotisme moins explicite que la « pornographie hard ».

Table

Cet ouvrage a été mis en pages par

<pixellence>

Imprimé en France par CPI
en mai 2025

Dépôt légal : mai 2025
N° d'édition : 617920-0
N° d'impression : 183728